档案数据要素赋能产业高质量发展
——以天然气产业为例

高 琼 范逢春 代华明 张 丽 任丽梅 段义贤 等著

石油工业出版社

内 容 提 要

本书基于我国产业企业数字化转型及档案集约化和治理现代化的背景，为应对档案数字化转型和档案数据要素赋能产业面临的重大困难与挑战，以我国天然气产业档案建设为例，立足于价值链融合协同创造价值闭环管理路径，从档案数据要素价值体系重构、赋能产业发展机理探索、赋能产业应用场景拓展、赋能产业价值评估、赋能产业价值管理创新、赋能产业治理体系构建等方面展开，探索档案数据要素赋能产业的机理、方法与实践问题。

本书可为能源行业档案管理者、档案数字化工作人员、档案科技管理人员等提供参考，也可供相关专业及领域的高校师生和研究者参考。

图书在版编目（CIP）数据

档案数据要素赋能产业高质量发展：以天然气产业为例 / 高琼等著 . — 北京：石油工业出版社，2024.12

ISBN 978-7-5183-6680-4

Ⅰ. ①档… Ⅱ. ①高… Ⅲ. ①档案管理 – 数据管理 – 关系 – 产业发展 – 研究 – 中国　Ⅳ. ①F269.2 ②G271

中国国家版本馆 CIP 数据核字（2024）第 089572 号

出版发行：石油工业出版社

（北京安定门外安华里 2 区 1 号楼　100011）

网　　址：www.petropub.com

编辑部：（010）64523604　图书营销中心：（010）64523633

经　销：全国新华书店

印　刷：北京中石油彩色印刷有限责任公司

2024 年 12 月第 1 版　2024 年 12 月第 1 次印刷

740×1060 毫米　开本：1/16　印张：15.5

字数：150 千字

定价：80.00 元

（如出现印装质量问题，我社图书营销中心负责调换）

版权所有，翻印必究

前　言

数字经济时代，数据成为新型生产要素和数字经济深化发展的核心引擎，是促进数字技术与实体经济深度融合并推动经济高质量发展的重要抓手。习近平总书记指出，要"发挥数据的基础资源作用和创新引擎作用"，党的十九届四中全会首次明确数据可作为生产要素按贡献参与分配。中共中央、国务院发布的《关于构建数据基础制度更好发挥数据要素作用的意见》（2022年12月）指出，要以促进数据资产合规高效的流通使用、赋能实体经济为主线来充分实现数据资产的价值。数字经济的迅猛发展，对推进产业企业档案全业务链数字化、档案数据治理现代、档案数据要素赋能产业企业高质量发展都提出更高的要求。

档案数据作为生产要素和产业企业数据要素体系的重要构成，具有不同于资本、人才、技术、劳动生产要素的价值创造机理。档案原始数据经过采集、挖掘、流转、应用等步骤协同其他生产要素赋能产业企业生产和经营管理实现价值创造。然而，在档案数字化与数据档案化发展态势下，档案数据要素如何赋能产业高质量发展相关重大问题，如档案数据要素价值体系重构、赋能产业机理、赋能场景拓展、赋能绩效评估、赋能价值管理创新、赋能治理体系建设等问题亟需深入研究，尤其结合具体产业如天然气产业展开研究，更具有较强的理论意义和实践价值。

本书基于我国产业企业数字化转型及档案集约化和治理现代化的背景，通过调研分析国内外企业档案管理研究现状与发展趋势，剖析国内非油气（银行和电力等）企业集约化管理典型案例，实地调研分析油气企业（中国石油大庆油田、长庆油田等公司）档案集约化管理经验与启示，重点剖析中国石油西南油气田公司（以下简称"西南油气田"）高质量发展对档案管理创新的内在需要，对档案数据要素价值体系重构的基础及结构分析，探索档案数据要素赋能产业发展机理，拓展档案数据要素赋能产业应用场景，优化档案数据要素赋能产业价值评估方法，提出档案数据要素赋能产业价值管理创新策略，同时提出档案数据要素赋能产业治理体系构建设计思路及建设措施。

本书编撰工作主要由高琼、范逢春、代华明、张丽、任丽梅、段义贤等科研团队合作完成。第一章内容由张丽、唐妍麟撰写，第二章、第三章由任丽梅及杨洋、张苏、叶玉茹撰写，第四章由段义贤、石富春、王川宁撰写，第五章由范逢春、唐妍麟撰写，第六章代华明、石富春撰写，第七章由高琼和张丽撰写，全书统稿由高琼完成。

前 言

在本书撰写过程中，董焕忠、张明、高攀、姜月、郭世月、王雪、余慧、于刚、鹿晓艳、李思蕾等人参与了部分内容信息采集编写或调研等工作，在此表示衷心的感谢。同时本书得以成稿，与前人的研究成果密不可分，对他们表示感谢！本书在编写过程中得到了中国石油档案馆、中国石油西南油气田公司领导、专家和同事的支持，在此深表感谢！鉴于编者水平有限，如有不妥之处，敬请广大读者批评指正。

目　录

第一章　档案数字化转型态势与面临的挑战 ……………… 1

第一节　产业数字化转型发展态势与面临的挑战 …………… 2
第二节　档案现代治理体系发展趋势与面临的挑战 ………… 15
第三节　油气行业档案集约化与数字化建设现状 …………… 25

第二章　档案数据要素价值体系重构 ……………………… 37

第一节　档案数据赋能的动力基础——数据文化 …………… 38
第二节　档案数据价值基础——数据完全成本 ……………… 50
第三节　档案数据要素价值体系构筑 ………………………… 55

第三章　档案数据要素赋能产业发展机理探索 …………… 64

第一节　天然气产业链与档案数据业务链 …………………… 65
第二节　档案数据要素赋能方式 ……………………………… 81
第三节　档案数据要素赋能管控机制 ………………………… 93

第四章　档案数据要素赋能产业应用场景拓展 …………… 108

第一节　数字技术在档案领域中的应用 ……………………… 108
第二节　天然气产业链档案数据应用场景 …………………… 116
第三节　数据要素赋能场景拓展保障工程 …………………… 125

第五章　档案数据要素赋能产业价值评估方法优化 ………… 139

第一节　档案数据赋能绩效评价指标体系设计 …………………… 140
第二节　档案数据要素资产价值评估方法优化与实证 …………… 146
第三节　档案数据产品收益分成评估模型构建与应用 …………… 156

第六章　档案数据要素赋能产业价值管理创新 …………… 172

第一节　档案价值管理模式构建思路与目标 ……………………… 173
第二节　档案数据要素价值管理模式 ……………………………… 176
第三节　档案数据要素价值管理策略 ……………………………… 182

第七章　档案数据要素赋能产业治理体系构建 …………… 196

第一节　治理体系架构设计思路 …………………………………… 196
第二节　治理体系结构内容 ………………………………………… 202
第三节　治理体系建设措施 ………………………………………… 209

结　　语 …………………………………………………………… 225

参考文献 …………………………………………………………… 227

第一章　档案数字化转型态势与面临的挑战

在全球化与数字技术的推动下，产业数字化转型已成为必然趋势，而数据要素作为现代产业体系的核心，有助于推动产业变革并提升其竞争力。档案作为产业企业运营的重要基础工作，档案治理现代化是必然发展趋势，发达国家强化档案治理现代化并处于领先地位，我国企业档案管理各有侧重，均致力于提升档案服务质量和效率。油气行业作为国民经济的支柱，其档案集约化与数字化转型尤为重要，但面临诸多困难与挑战。因而，需要借鉴国内外档案管理先进经验与启示，认清档案数字化转型态势与面临的挑战，为探索档案数据要素赋能产业高质量发展奠定坚实的理论和实证基础。

第一节　产业数字化转型发展态势
与面临的挑战

一、现代产业体系与数据要素相关概念

（一）现代产业体系

现代产业体系是以智慧经济（含数字经济）为主导、大健康产业为核心、现代农业为基础，通过五大产业（农业、工业、服务业、信息业、知识业）的融合实现产业经济高质量发展的产业形态。国家出台了一系列相关文件推进现代产业体系建设，如《关于扩大战略性新兴产业投资培育壮大新增长点增长极的指导意见》（发改高技〔2020〕1409号）、《关于加快推动区块链技术应用和产业发展的指导意见》（工信部联信发〔2021〕62号）、《关于加快场景创新以人工智能高水平应用促进经济高质量发展的指导意见》的通知（国科发规〔2022〕199号），以及由工业和信息化部、教育部、文化和旅游部、国家广播电视总局、国家体育总局印发的《虚拟现实与行业应用融合发展行动计划（2022—2026年）》（工信部联电子〔2022〕148号）等。综合上述文件主要内容可以看到，我国在"十四五"时期构建现代产业体系的主要任务是，要坚持把发展经济着力点放在实体经济上，坚定不移建设制造强国，

推进产业基础高级化、产业链现代化，构建实体经济、科技创新、现代金融、人力资源协同发展的现代产业体系，提高经济质量效益和核心竞争力。

（二）产业数字化转型

数字化转型是一个不断应用信息技术最新成果，激发数据要素创新驱动潜能，改造提升传统产业企业动能，培育发展新动能，实现转型升级和创新发展的过程。产业数字化转型是一项以融合共赢为关键的系统工程，通过共建共享共生构建起广泛联盟、合作共赢的跨界多边融合生态模式，以实现产业数字化成功转型，推进数字经济与产业数字化融合。要实现产业数字化转型，需要6种能力：数字战略能力、需求匹配能力、数据驱动能力、技术和应用能力、数据运营能力、数据人才能力。

（三）产业数字经济

数字经济与现代产业深度融合是未来中国经济发展的大趋势。产业数字经济是指在经济系统中，数字化的知识与信息得到广泛应用，数字技术普及为整个经济社会带来大变革，进而促使产业结构、产品开发、价值创造、增长模式、用户维系、组织结构等发生根本性的变革。现代数字技术的转化应用特别是数字化转型的基础是数据，数据已成为产业企业的核心资产，并在行业内乃至行业间创造出巨大财富，共建、共享、共生成为产业数字化转型和产业融合的关键，拓展了产业价值转移空间与实现路径。

（四）数据要素相关概念

1. 数据要素

数据就是数值，也就是通过观察、实验或计算得出的结果，数据也可以是文字、图像、声音等。中国信通院发布的《数据要素白皮书》（2022年）定义的数据要素指的是根据特定生产需求汇聚、整理、加工而成的计算机数据及其衍生形态，投入于生产的原始数据集、标准化数据集、各类数据产品及以数据为基础产生的系统、信息和知识均可纳入数据要素讨论的范畴。数据要素是参与社会生产经营活动，带来经济效益，以电子方式记录的数据资源，是国家发展的战略性基础性资源，也是驱动数字经济发展的强大动力。与土地、资本、劳动力等传统生产要素相比，数据有明显的独特性，由于其具有可复制、可共享、无限增长等特点，能够打破传统生产要素的供给制约，实现持续增长。数据资源作为重要生产要素，是数字经济时代的"黄金"或"石油"，数据的经济学特征主要包括非竞争性、非排他性、外部性、经济增值以及网络效应。

2. 大数据

维基百科中将大数据（Big Data）定义为"一些使用目前现有数据库管理工具或传统数据处理应用很难处理的大型而复杂的数据集"。IBM公司总结的大数据一般具有海量的数据规模、快速的数据流转、多样的数据类型、价值密度低和数据完整真实等特征，简称 5V 特征。大量存在的数据资源，需要通过新的技术手段抓取、汇总和利用其中所包含的信息。

3. 企业档案数据

企业档案是企业在活动中直接形成的记录，是企业生产经营管理活动中的原始记录、一次信息源，最具客观性、可靠性，所以相较于其他信息最具说服力。譬如企业档案管理的内容把档案管理分为 10 类，即党群类、行政工作类、经营管理类、生产技术类、产品类、基建类、设备仪器类、会计类、人事档案以及特种载体档案。相应地档案数据类型可以划分为：文书档案数据、科技档案数据、财务档案数据、人事档案数据、电子档案数据、声像档案数据、基建档案数据、仪器设备档案数据等。企业档案数据特点包括综合性、现实性、知识性、经济性、载体多样性和信息独特性等。2019 年，国家档案局发布了《档案数据硬磁盘离线存储管理规范》（DA/T 75—2019）和《基于文档型非关系型数据库的档案数据存储规范》（DA/T 82—2019）等一系列标准文件来规范档案数据化建设。

（五）产业高质量发展与档案高质量发展

高质量发展是中国共产党第十九次全国代表大会首次提出的新表述。高质量发展的主要实现方式：（1）以真实需求为导向，捕捉发展所需、群众所盼。（2）以内部协同为支撑，推动条抓块统、流程再造。（3）以数据资源为基础，实现开放共享、价值提升。（4）以制度创新为保障，健全治理体系、政策配套;(5)以共治共享为目标,促进多方参与、场景共建。例如,在双循环格局和数字经济推动下,现代天然气产业高质量发展趋势体现在四方面:(1)坚持国内、国外多途径协同保供促有效循环,产业数字化转型和可持续发展的政策体系持续完善,关键核心技术联合攻关体制机制持续优化;(2)产运储销一体化规划协同可持续推进天然气资源保障,天然气管网体系与其他能源网络协调发展,管网智能化管控持续提升,重点领域天然气利用加快;(3)依托"一带一路"纽带推进国际合作以打通外循环,国际天然气开发与交易市场以及智能化程度不断提高;(4)通过产业数字化转型完善产运储销一体化设施建设及市场化改革打通内循环硬、软堵点,产业数字化智能化水平对外开放向全方位推进。

档案高质量发展是以创新、协调、绿色、开放、共享的新发展理念为指导,以档案数据资源、服务、管理等诸要素的高质量发展为基础,实现档案更高标准和更高价值的一个过程。通过档案数据要素赋能,拓展全产业链档案的企业和社会服务,以及文化传承新使命,助推产业高质量发展目标达成。

二、产业数字化转型发展态势

(一)产业数字化转型与数据要素地位作用快速提升

1. 国家加快现代产业体系建设与产业数字化转型

新发展格局加快推进产业体系现代化。建设现代化经济体系是着眼于实现"两个一百年"奋斗目标、顺应中国特色社会主义进入新时代的新要求作出的重大决策部署。党的二十大报告提出，高质量发展是全面建设社会主义现代化国家的首要任务，并围绕"加快构建新发展格局，着力推动高质量发展"作出了一系列重大部署。2022年中央经济工作会议提出，加快建设现代化产业体系，尤其强调要围绕制造业重点产业链，找准关键核心技术和零部件的薄弱环节，集中优质资源合力攻关，保证产业体系自主可控和安全可靠，确保国民经济循环畅通。

建设现代化产业体系是推动高质量发展的必然要求。新发展格局以现代化产业体系为基础，经济循环畅通需要各产业有序链接、高效畅通，因而要继续把发展经济的着力点放在实体经济上，努力打造自主可控、安全可靠、竞争力强的现代化产业体系。在建设现代化产业体系的过程中，应注重不断培育绿色低碳发展能力、提升发展韧性和自主能力、推进高水平自立自强、培育高素质劳动力，形成新优势。

2. 数据要素成为数字经济发展的基础资源和核心引擎

数据作为新型生产要素，是数字经济发展的核心战略资源，已成为驱动经济社会发展的新动力。2020年4月，中共中央、国务院《关于构建更加完善的要素市场化配置体制机制的意见》正式发布，《意见》分类提出了土地、劳动力、资本、技术、数据五个要素领域改革的方向。我国相关政策文件密集出台，大力推动数据要素市场建设。在构建以数据为关键要素的数字经济的过程中，随着数据要素市场的不断壮大和数据要素市场的不断壮大和完善，数据的应用场景也会越发丰富。

数字化成为国家级战略，数字要素是数字经济发展的新引擎。从"十二五"规划到"十四五"规划，国家不断加深对信息化和数字化的推进工作。2021年3月，《"十四五"规划和2035年远景目标纲要》提出"打造数字经济新优势、加快数字社会建设步伐、提高数字政府建设水平"。党的二十大要求建设现代化产业体系，加快发展数字经济，促进数字经济和实体经济深度融合，打造具有国际竞争力的数字产业集群。数据要素市场化配置是数据供需双方在数据资源和需求积累到一定阶段后产生的必然现象，对经济的高质量发展具有积极作用。

随着应用场景不断拓展，数据要素与其他生产要素协同赋能将创造巨大价值。在工业生产领域，数字生产企业可以在产业链条中嵌入所需的各类数字服务，以提高全链条的生产效率。例如，在产业互联网中加入金融服务链路、智能化采购链路、市场端智能库存和售后服务链路等。在服务消费领域，数字服务企业可以嵌入多平台、多场景。在公共治理领域，数据要素在疫情监测分析、病毒溯源、防控救治、资源调配、复工复产等方面发挥了重要支撑作用，数字政府建设持续推进，政府管理和社会治理加快转型。

3. 档案数字化进程加快

在社会信息化加快发展及档案管理与利用的规范化、便捷化要求等趋势下，传统档案的数字化加快推进，并且朝更高形态的数据化演进。图片形式的数字化已经不能满足社会对档案利用和档案自身作用价值发挥的需求，对档案信息的识别、挖掘、分析和知识化处理、集成、转化，适应多场景的智慧应用，即档案的数据化转化和利用已经成为当前和未来一个时期的需求，智慧档案馆替代数字档案馆，推动着档案数字化进程快速演进。

4. 数据要素安全治理体系日渐完善

数据成为新型生产要素是在大数据时代来临后逐渐显现的。原始数据经过采集、挖掘、流转、应用等步骤赋能社会生产，从而实现了数据作为生产要素的价值。有别于传统生产要素，数据要素兼具经济性和技术性双重特征，包括虚拟替代性、互补共生性、动态实时性、规模经济性、非排他性及风险隐匿性等特点。相较于传统的生产要素，数据要素的安全隐患更为突出，隐私侵害、数据泄露、网络攻击等问题日渐凸显。《数据安全法》强调数据安全与开发应用平衡，保障数据安全与促进数据开发应用并重，在规范数据安全监管与治理的同时，也给多方数据协同应用带来了新的发展机遇。这对逐步完善数据要素安全治理体系的构建，规范数据要素市场化建设，防范和化解潜在的数据安全风险具有重要意义。

（二）数字技术体系融合创新推进产业智能建造新范式

在新发展格局背景下，以数字化、网络化、智能化为基本框架，通过聚合多源异构数据、提高并行算力、优化智能算法，实现规范化建模、网络化交互、可视化认知、高性能计算以及智能化决策，最终完成从传统建造技术到数字建造的跨越，实现行业从"劳动密集型"向"技术密集型"的转变。

新发展格局的发展必将带动数字基础技术体系的融合创新，有利于打破现阶段数字化转型过程中存在的"数据孤岛"问题，推动智能建造产业发展。5G、大数据、人工智能、区块链等技术加速向各行业融合渗透，数据赋能、赋值、赋智作用日益凸显，数据要素市场应用场景不断拓展，应用场景的丰富提供了大量垂直领域的数据需求。人工智能的三大构成要素——算据、算力和算法，将沿着产业"聚合算据、并行算力、智能算法"的方向发展。

（三）数据交易平台初具规模且前景良好

1. 数据交易平台方兴未艾

2020年4月，中共中央、国务院发布《关于构建更加完善的要素市场化配置体制机制的意见》，明确数据成为继土地、劳动力、资本和技术之后的第5大生产要素。此后的2021到2022年，北京、上海、广州和深圳等地纷纷建立了共16个数据交易平台，标志着数据交易平台建设进入第二阶段。数据交易平台是数据作为生产要素进行交互、整合、交换、交易的平台，是推动数据要素市场建设，探索数据要素资源化、资产化、资本化改革的重要底座。

数据交易平台的盈利模式主要有三种：佣金模式、会员制模式和增值模式。贵阳大数据交易所2019年改组之后定位为"一平台+三中心"，即：大数据交易平台+区域服务中心+单品种数据交易中心+大数据创新中心。北京国际大数据交易所以五平台建设为基石，即：数据信息登记平台+数据交易平台+数据运营管理服务平台+金融创新服务平台+数据金融科技平台。上海数据交易所提出五个全国首发的特色服务，即：数商体系+数据交易配套制度+全数字化数据交易系统+数据产品登记凭证+数据产品说明书。

2. 丰富数据交易模式，助力数据流通与价值挖掘

国外数据交易起步较早，现已发展出多种交易模式。美国现阶段主要采用三种交易模式：C2B（Customer to Business，企业与消费者之间的电子商务运作方式）分销、B2B（Business to Business，企业与企业之间的电子商务运作方式）集中销售以及B2B2C（Business to Business to Customer，将B2C和B2B等电子商务模式整合在一起的一种模式）分销集销混合。其中，B2B2C模式发展迅速，已成为美国主流数据交易模式。由于各国个人信息交易敏感程度不同，数据交易平台种类丰富。从个人信息交易层面来看，欧洲更注重保护个人数据隐私，而美

国在个人数据信息交易方面更加开放。欧洲只可以交易工作单位、教育信息、健康等数据，而美国则可以交易如个人用户画像、地理位置数据、兴趣爱好、经济情况等更敏感的信息。目前，数据主要用于广告营销、信用评级、物流管理、产品制造和金融投资等领域。从企业层面看，企业和企业间可通过直接签订合同进行数据交易或采用代理的方式进行。

三、产业数字化转型面临的困难与挑战

（一）数字化转型认识与人才队伍建设有待改善

1.数字化认识和理念与新时代要求尚有差距

产业企业在不同程度上对数字化转型提升管理效率效益的认识不够深入，认为信息化建设就是数字化转型，数字化转型就是IT层面的革新以及单纯的硬件基础设施建设。这需要建立适应数字化形势的组织架构、体制机制、人员能力等，形成数字化管控的新模式。

2.人才队伍建设尚不满足企业快速发展需要

产业链数字化转型过程中，信息化专业技术人员的数量、结构与发展不相适应，结构性缺员矛盾突出，骨干员工长期超负荷工作。整体呈现出平均年龄偏大、专业结构配比不合理、高水平信息化人才匮乏、ICT（Information and Communications Technology）技术人员较少等问题，缺乏信息系统管理、数据挖掘和分析、网络安全等ICT专业与主营业务融合的复合型人才。

（二）数字化转型技术与硬件条件有待提升

1. 数字化转型硬件和软件系统建设有待提升

产业链尚未形成一体化科研协同平台，跨专业线上协同研究模式尚未建立，科研成果共享程度低、数据格式不统一，跨专业、跨部门、跨板块的数据较难获取。产业链各阶段技术攻关存在重复、分散、独立等问题，尚未建立科技研发、技术管理与生产应用共享体系，一体化运营场景中关键业务参与不充分，缺乏相应的管理流程和管理体系对科研协同共享进行支撑。

产业链数字化转型涉及管理变革、业务优化和硬件配套，应"三位一体❶"系统推进，但数字化建设和应用还存在不足，尚未全面推动产业链在生产组织模式、管理方式及业务流程上的根本性转变，专业人员数量、结构与发展也还不相适应。基础硬件方面，网络传输带宽不足、可靠性不够，云平台资源紧张，网络安全保障还需提升等问题，对业务数字化、智能化应用以及一体化协同运营发展构成瓶颈，需优化架构及资源，进一步提升基础设施支撑保障能力。

2. 缺乏面向行业的数字技术集成应用体系

从技术角度而言，数字技术发展过程中，不同平台系统间存在数据难以兼容问题，数据资源散落在各业务系统中，形成"数据孤岛"，阻碍了数据流通共享。这就导致在不同的业务流程中，数据资产的复用率极低，难以发挥其应有的价值。从行

---

❶ 三位一体：管理变革、业务优化和硬件配套。

业数字化发展角度而言，缺乏对数字技术体系的"顶层设计"，使得数字技术无法真正贴合业务需求。因此，需要有面向整个产业生态的系统性解决方案，现有的技术体系和资源（算力、算法等软硬件资源）尚且无法满足这一目标的实现。

（三）数字化转型管控能力有待提高

1. 生产运营和管理效率有待提升

随着产业链业务规模的快速增长，传统生产组织和管理模式已无法满足产业链一体化新型运营模式的需求，跨专业综合决策支撑能力弱等问题制约了产业链生产组织和管理模式转变。例如：（1）传统生产组织模式劳动强度大、生产成本高。（2）跨专业综合决策支撑能力弱。（3）生产经营模式不能适应快速变化的市场。

2. 数据开发利用程度较低

产业链业务链条长，参与单位多，存在数据多源异构、分散存储和治理体系不完善等现象，导致数据质量较低、共享应用难度大、数据资产价值难以发挥等问题。包括：（1）数据多源异构、重复采集，数据质量较低。（2）数据分散存储，共享应用难度较大。（3）数据治理体系建设滞后，数据资产价值难以发挥。

产业链数据开发与应用集成致力于各专业方向，但跨专业数据共享与信息沟通效率还不高，未形成产业链业务完整的数据治理体系和数据生态，数据潜能未能完全释放。随着数字技术快速发展，传统服务总线技术架构难以完全满足"组件式开发、积木式搭建"的敏捷开发需求，全业务链价值最大化分析支撑能力有所不足。

第二节 档案现代治理体系发展趋势与面临的挑战

一、档案现代治理体系发展趋势

（一）国家部委对档案现代治理体系的要求

档案治理的现代化是档案治理体系和档案治理能力的现代化，对档案治理体系、档案治理能力的科学内涵进行分析和把握，是推进档案治理现代化的前提。档案治理体系变迁过程包括5个方面的转变：向档案治理主体的多元化转变、向档案治理运行模式的互动性转变、向档案治理过程的民主性转变、向档案治理实施方式的合作化转变和向档案治理服务群体的开放性转变。

新修订的《中华人民共和国档案法》是新时代促进我国档案事业高质量发展的法治保障和行动指南。以贯彻实施新修订的档案法为契机，立足新发展阶段，贯彻新发展理念，努力开创新时代企业档案工作新局面。具体表现在（1）突出档案工作的政治定位，理顺档案工作体制机制，优化档案科学管理、安全管理和开放利用的有关制度，完善档案监督检查和法律责任。

（2）健全制度设计，有利于推进档案管理提质增效。（3）加大开放力度，有利于提升档案服务便利性和覆盖面。（4）构建安全管理体系，有利于筑牢档案资源安全新防线。（5）推动信息化建设，有利于开辟档案管理现代化新路径。（6）强化监督检查，有利于为细化落实法律责任明确新举措。（7）增强科技人才保障，有利于为档案事业持续健康有序发展增添新动能。这为档案工作变革与转型、创新与发展提供了较为充分的法律保障。

《"十四五"全国档案事业发展规划》（2021年06月08日）发展目标是：到2025年，档案工作走向依法治理、走向开放、走向现代化取得实质性进展，形成与新时代中国特色社会主义事业相适应的档案事业发展新局面，为建设档案强国奠定坚实基础。到2035年，档案资源工程质量、档案利用服务水平、档案治理效能和管理现代化程度进入世界前列。实施7大工程，包括：档案制度规范建设工程、新时代新成就国家记忆工程、国家重点档案保护与开发工程、档案信息化强基工程、科技兴档工程（档案实验室建设、档案智库建设）、人才强档工程和档案文献遗产影响力提升工程。

（二）中国石油档案治理现代化的新要求

中国石油天然气集团有限公司（以下简称"中国石油"）认真贯彻落实国家重大战略部署，以切实保障国家能源安全为使命，助力推进国家治理体系和治理能力现代化建设发展，主

第一章　档案数字化转型态势与面临的挑战

要围绕企业治理现代化目标，大力推进实施企业创新、资源、市场和国际化战略，计划到2035年把中国石油全面建成世界一流综合性国际能源公司。从长远来看，这不仅为中国石油档案工作发展带来重要机遇，也对中国石油档案管理提出更高要求。具体体现在：（1）随着现代数字技术、网络技术日趋成熟，改革传统管理模式，企业馆藏档案数字化和数据库建设将成为发展方向。（2）档案管理创新是档案系统深化改革提质增效的必然选择。实行一体化管理后，机构和编制定员会更加合理，人员和岗位分配也会更加优化。同时，在库房维修、办公面积方面可实现最大节约和创效。（3）档案管理创新是打造"一站式"档案服务模式、提升档案管理专业化水平的必然途径。可同时为科研、经营和管理人员提供多种类、多行业、多单位（部门）档案"一站式"服务。

二、档案治理体系建设面临的困难与挑战

（一）档案组织与人才建设方面

企业档案组织体系有待健全和完善。（1）企业档案机构"小而全"，资源、库房不集中，人力、资产不集约，管理运行效率不高。（2）档案机构隶属关系多样、规格层级多样、名称职能多样，使档案管理职能发挥受限、档案工作发展不充分、档案管理不均衡等问题愈发凸显。

档案人才建设存在结构性矛盾。档案人力资源数量结构、

年龄结构、知识结构不满足需要，档案人员因行政隶属关系的限制不能实现合理流动和优化配置。不同单位档案人员存在有余与不足的矛盾，小单位的兼职档案员由于工作繁杂、流动性大，存在档案业务"兼而不管""管之无序"的状况。在专业化程度上，专兼职档案员专业化程度低，由于兼顾多类甚至全类档案，难以在某一类档案上深耕精研；未注重档案人才的可持续发展，未及时有效培养人才队伍，造成某些领域人才梯队断层断档，影响了档案基础工作质量。与此同时，档案人员普遍年龄较大，对于电子档案管理的新知识学习掌握相对困难，不能胜任档案创新工作。

（二）档案关键业务与运行效率方面

档案部门责任制不够健全，前端控制不到位。虽然明确了企业档案分管领导、档案机构和人员责任，但两级机关业务部门的档案管理责任制没有完全明确。在制度修订上，存在未根据上位制度或者形势变化及时修订本单位档案工作相关制度的情况。另一个方面，在现代档案管理理念以及上级企业的相关制度中，档案责任制应涵盖到档案形成阶段，突出前端控制，确保档案全生命周期管理受控。但目前档案与业务在制度、流程、技术、系统等方面的融合不够，档案形成与归档前后端环节工作依然处于较为割裂状态，影响了档案管理运行的质效。

信息化手段不够，档案服务效率不高。档案查阅和审批是档案服务端的重要工作内容。由于系统档案数字化程度不高，

第一章　档案数字化转型态势与面临的挑战

部分档案信息著录不全，档案查询仅能通过提交人、文件时间、文件编号、归档时间、责任部门等过滤条件查询，不能实现全文检索和精准查询，尤其是对历史档案的查阅效率较低。

基础工作开展不平衡，安全管控存在风险。在分散管理的体制下，主要受单位领导重视程度、人员数量和业务素质的影响，各单位的基础设施、馆藏条件存在较大差距，档案的收存管用、鉴定销毁等基础工作标准不一致、质量水平参差，档案工作的规范性呈现出差异，全面协作和整理管理较难实现。同时由于部分企业的档案机构点多，低水平重复建设，基础设施规范达标具有先天性不足，很多档案库房难以满足档案"八防❶"要求和特殊的承重防震设计要求，难以通过改造达标，具有多点面的安全管控风险。

"档案+业务"协同治理不足。长期以来，档案工作与业务之间融合渗透不够，重建设、轻档案与业务融合的现象突出，业务部门档案意识不足、重视程度不够，甚至将归档视为额外工作，不能较好履行归档义务。档案与业务需要在制度融合、技术融合、系统融合上进一步加强，将档案工作要求进一步前置到业务流程中，确保档案工作与业务工作在制度上、流程上、技术上衔接顺畅，积极加强与业务部门的沟通协调，促进档案部门的元治理与业务部门的协同治理机制的建立和作用发挥。

（三）档案资源开发与利用方面

---

❶ 档案的八防：防尘、防潮、防高温、防光、防火、防水、防有害生物、防盗。

19

开发利用模式传统、方式单一。目前，企业档案开发利用以档案编研和借阅为主，档案展览等其他形式较少，尤以被动的借阅为主。而编研受制于数字化手段和智力能力，主要依赖纸质材料、人工编排、手工书写，开发利用形式呈单一、固化、线性和封闭性特征，未实现数据化自动或半自动开发利用。因此，档案数字资源利用率低、利用面窄、利用层次不高，档案信息的价值传递和知识转化受到时空限制，开发利用效率较低。

开发利用存在壁垒、共享有限。例如，对于不同密级档案具有不同的审批权限，中国石油所属企业内部各有不同的审批流程。为保障系统建设与应用，中国石油制定系列档案信息化标准，其中《档案信息化建设规范 第5部分：系统权限管理》（QS/Y 10606.5—2017）对系统管理权限的基本原则、系统用户分类和权限配置、权限适用范围等进行了规范。不同全宗（单位）档案存在信息壁垒，不能实现共享。下属三级企业利用本单位档案需要档案部门审批，利用非本单位档案需要档案形成部门审批，跨二级单位使用难度较大。

开发利用深加工产品数量少。以西南油气田公司为例，从档案开发的层面来看，"十三五"以前，除了年鉴等通用编研，档案系统主导开发的档案编研较少。"十三五"以后，特别是2021年以来，档案宣传、编研作品逐渐增多，形式更加多样，但整体上受编研人才缺乏的限制，文化类的编研作品较多，直接服务于生产的编研作品较少。从档案利用上看，档案部门对服务对象的档案利用需求关注较少，未能通过对利用需求进行分析，从而依据需求主动开发档案提供档案开发产品服务，当前提供利用的形式主要是档案原始信息，而非二次加工的档案产品。

（四）档案治理基础建设方面

1. 档案数字化与智能化建设方面

数字化档案管理水平不适应信息时代的发展。（1）数字化率仍需提高。调研数据显示，各单位数字化程度差别较大，部分单位尚有长期或永久保存的存量档案未进行数字化，对查阅利用造成不便，不利于珍贵老档案的保存保护。（2）数字化管理手段有限。从数字化管理对象来看，在归档层面，档案系统尚以离线归档为主，仅部分业务系统实现在线归档，且使用面不广。借阅利用频率较高的数字类档案资料，例如天然气勘探开发类档案，使用者主要是科研人员，这部分人员往往需要使用较多系统查阅所需资料。在开发利用层面，档案系统中的数字档案以文档和PDF的非结构化形式存在，档案查阅严重依赖著录项，而著录项仅能反映关键信息，不能对模糊信息进行筛选，同时著录项又依赖著录者的工作细致度。

智能化档案管理技术应用不足。智能化档案管理包括"智能+库房管理""智能+资源建设""智能+服务利用"，需要数字化、物联网、云计算、人工智能、电子签字、加密技术、区块链等等技术支持，对档案管理的软件、硬件及从业人员要求极高。例如，从中国石油西南油气田公司当前的实际来看，软件优于硬件,然而档案管理系统不能实现智能化归档存储检索等功能。档案管理系统的智能化必然建立在档案数据化的基础上,进而使档案数据在挖掘、分析、流动、交互中形成数据价值链。但档案系统仅实现原生资料的非结构化采集,不能进行数据提取、挖掘、分析和归并等,档案的数据价值无法通过档案来实现,未来这将对档案部门的地位作用形成不利影响。另外,智能化库房建设与改造所需成本相当高昂,短期内难以实现,但需要保持高度关注并适时推进。

2. 档案规范化与标准化方面

制度规范执行力和档案工作标准化与要求存在差距。例如,尽管西南油气田公司档案工作具有较长历史,其规范性也与时间长度有同向的关联,但经严格对标依然存在以下若干问题:第一,随着对档案工作重视程度的下降、档案从业人员的频繁流动或者缺位,档案管理核心业务骨干严重缺乏,导致档案工作标准化规范化呈下滑趋势。第二,对制度规范重视不够,或因各单位对档案制度规范的理解误差,造成执行偏差。第三,对所属单位档案制度规范在具体工作中的落实监督不够到位。

3. 数据隐私安全与监管机制方面

我国数据交易基础环境还不完善,目前没有统一的数据交易平台和成熟的监管机制。建立数据交易平台有益于解决效率、合规、安全以及信任等问题。近年来,我国积极建立数据交易平台,引导数据交易往场内进行,但交易情况并不理想。同时,现有的法律监管体系对数据收集、数据存储、数据泄露报告等方面进行了规定，但从数据价值链和数据要素全生命周期管理来看，对数据处理、数据分析、数据传输和数据流通等环节缺少必要的制度安排和监管措施，数据市场缺乏数据交易方、市场监管机构、技术统一标准和上层法律法规共同搭建的协同治理机制。

（五）档案价值管理方面

1. 档案绩效考核管理方面

对档案形成部门的考核缺位导致归档难。档案部门普遍缺乏对档案形成部门的归档约束机制，只能通过反复催交的方式要求归档，归档的及时、准确、齐全都依赖于业务部门归档人员的自觉性和责任心，导致档案部门工作开展困难，往往造成年度归档、重大活动档案归档、地质资料归档与汇交严重滞后。

企业内部考核方式粗放影响精准激励。例如，很多大中型企业的绩效管理体系没有细分专业领域，统一的绩效考核办法无法精准对应档案工作内容，不能准确反映档案工作绩效状况，更无法从制度上区分各个档案岗位创造的岗位价值。当前档案部门使用的考核体系未经过专业的指标设置，仍属粗放型的考核方式，同时，很多单位考核结果与激励措施脱节，影响档案人员的积极性。

2. 数据资产管理方面

数据所有权、使用权、经营权有待清晰界定，数据要素产权界定存在争议。我国具有极大的数据规模和应用优势，为规范数据使用、保护个人及国家信息安全，陆续出台了多部法律，包括《中华人民共和国数据安全法》《中华人民共和国国家安全法》《中华人民共和国个人信息保护法》《中华人民共和国保守国家秘密法》《中华人民共和国网络安全法》《网络安全审查办法》等。2022年7月，我国出台了《数据出境安全评估办法》，明确了四类需要申报数据安全评估的数据出境情景，为数据要素跨国流通提供了法律保障。各数据交易所主要依据上述国家法律以及相关地方数据条例推动业务发展。浙江、广东、北京出台了数字经济条例，其中，上海市根据《数据安全法》《个人信息保护法》等法律，结合自身实际，于2021年11月制定了《上海市数据条例》。

　　数据资产分类分级标准存在空白，数据资产流通缺少统一规范。（1）数据分类分级是数据治理的基础环节，而目前数据资产估值面临的主要挑战之一就是数据交易的分类分级标准不健全。政府部门和不同行业陆续开始对各自领域数据进行分类管理，如工信部发布的《工业数据分类分级指南（试行）》对工业数据按照经济效益和社会效益划分为三级，并鼓励企业在做好数据管理前提下，对一级、二级数据进行适当共享。（2）数据资产流通缺少统一规范。交易市场尚不成熟，导致短期交易居多。（3）传统估值方法的局限。因数据资产相比其他资产而言，活跃程度、灵活性和时效性明显更强，故对传统估值方法（成本法、收益法和市场法）进行灵活创新，才能真实反映数据资产的经济价值。

3. 数据定价机制方面

相比于土地、资本、技术、劳动力要素，数据要素的定价更加困难。第一，数据要素产生的过程十分复杂，整个产业链有数据采集、存储、计算、分析应用等众多环节，涉及众多市场参与主体，每一个环节都需要进行价值计量，因此进行阶段性定价比较困难。第二，数据要素因其生产复杂性、可复制性、时效性以及非标准性，其实际价值会随着复制次数及供需关系改变而改变，造成定价十分困难。

数据定价是数据交易平台的重要组成部分，目前主流的数据定价方式有成本定价法、收益定价法以及市场定价法。这些定价方式各有缺点，国内外还在积极探索数据要素定价的有效方法，例如，因数据要素的价值在不断波动，可采用动态定价方法，也可应用人工智能等算法赋能数据定价。

第三节　油气行业档案集约化与数字化建设现状

一、油气行业档案集约化管理经验与启示

（一）中国海油和中国石化

中国海油石油集团有限公司（以下简称"中国海油"）和中国石油化工集团有限公司（以下简称"中国石化"）在档案

集约化管理方面各有侧重,两家企业在各自的档案管理实践中,均体现了系统性、前瞻性和创新性,强调了集约化管理在提高档案管理效率、实现资源优化配置,以及促进企业战略发展中的关键作用。对于其他企业而言,无论是跨国业务的档案规范还是信息化建设的深入推进,或是档案的创新利用,均应视作企业档案管理改革和升级的重要参考方向。

中国海油实践经验与启示:(1)制度建设。中国海油通过去冗余优化制度,体现了在复杂多变的业务环境下,企业需要精简和完善档案管理制度以提高效率和适应性。这为其他企业制度构建提供了参考,强调了制度与实际业务的紧密结合。(2)跨国档案管理。在跨国经营方面,中国海油制定专门的境外档案管理办法,展示了对于全球业务的紧密监管和文档管理的必要性,这对其他具有跨国业务的企业在档案管理上有很高的借鉴价值。(3)档案资源的创新利用。中国海油通过档案资源的创新利用强化了档案工作的文化和宣传价值,在增强企业文化构建和品牌形象方面发挥了作用,也提醒其他企业注意档案资源潜在的利用价值。

中国石化实践经验与启示:(1)多元化业务的档案管理。中国石化面对多元化业务背景下的档案管理挑战,其制定的境外档案管理规定和多元业务的档案信息管理实践说明了集约化管理框架下,如何综合考虑不同业务和区域的特点。(2)大规模数据处理。信息化是中国石化集约化管理的一大特色,通过建立"数据+平台+应用"的模式，中国石化实现了数据处理的大规模化和档案信息的集成共享，推动了企业数字转型。（3）技术驱动的档案管理。中国石化积极探索将区块链、人工智能等新技术应用于档案管理中的每个环节，这为提升档案管理的安全性和信任程度提供了先进的路径。（4）档案的开放共享。中国石化通过建立查询服务平台，促进了档案的开放共享，可为其他企业构建开放型档案管理服务提供参考，进一步加强内部效率和外部合作机会。

（二）中国石油

中国石油所属大庆油田、长庆油田、塔里木油田等公司在档案集约化管理实践中表现出了明确的组织结构优化、资源整合提效、利用模式创新和管理体系优化等方面的成效与创新，三者在档案集约化管理的过程中共同展现了以下几点经验与启示：（1）组织结构优化。三个油田通过整合档案管理资源，实施"档案馆+专业中心"或类似模式的扁平化管理，不仅打破了部门间的壁垒，还有效提升了档案管理效率和档案从业人员的专业化水平。（2）管理模式创新。通过实体档案资源的集中管理和数字化转型，三个油田均在不同程度上实现了档案管理的"管办一体"，优化了业务流程，强化了对档案全生命周期的控制，特别是在数字档案系统的应用与推广方面表现突出。（3）资源整合提效。三个油田均采用集中管理档案、一体化处理档案管理业务的方式，实现了档案资源的优化配置和高效利用。通过整合设备资源与共享信息资源，实现了管理成本的下降和信息资源利用的提升。（4）利用模式与服务创新。长庆油田和塔里木油田特别强调了档案利用模式的创新，如在线利用、全资源信息服务等，提升了档案服务的便捷性和时效性，并通过数字技术加强了档案信息的开发利用。（5）数字化转型深化。塔里木油田的实践表明，数字档案系统的应用可以有效提升档案利用率，为勘探开发及科研生产等工作提供强有力的信息服务支持，凸显了数字化转型在档案管理领域的重要性。

总体来看，通过集约化、数字化转型与管理创新，三个油田提高了档案管理的效率和服务水平，优化了档案资源的配置与利用，这对其他企业或机构在进行档案管理改革和提升时提供了有益的借鉴。特别是在推动数字化转型、实现全面资源共享以及提升档案服务质量和效率方面的经验值得学习。

二、中国石油档案数字化建设情况

（一）中国石油信息化与档案数字化建设

中国石油信息化建设按照"共享中国石油"目标，确定了"统一规划、统一标准、统一设计、统一投资、统一建设、统一管理"的"六统一"原则，采取了建设集成信息系统的工作模式。目前建成了包括投资、财务、人力资源、物资采购等9条业务主线的企业资源计划（ERP）集成应用平台，以油气生产物联网、工程技术物联网为代表的物联网系统平台，以及集中存储的云计算中心和移动应用平台，统建业务系统共87个，覆盖企业勘探开发、炼油化工、管道建设、油品销售、金融贸易、经营管理、基础设施等多个领域。

2011年，中国石油档案管理系统（E6）正式推广使用，实现了文档采集、文档索引、文档检索、文档管理等功能一体化。2020年6月，自主研发建设的中国石油数字档案馆竣工，达成了电子公文、电子会计及电子合同在线集成归档，实现了数字档案收集、整理、保存、利用等业务的流程优化和在线管理，并从系统功能提升、系统架构升级、应用系统集成、档案利用支撑和智能馆库管理五方面入手，建成了以数字资源为基础、安全管理为保障、网络利用为目标的数字档案管理系统。

（二）中国石油档案工作"十四五"重点任务

为认真贯彻中央关于档案工作的重要批示精神，中国石油建立了"统一领导，分级管理"的档案管理体制，总部设立档案馆统一规划公司档案工作。中国石油档案馆履行全集团档案业务管理和指导监督职能，同时也是集团档案永久保管中心、档案综合利用服务中心、档案信息化中心、石油历史研究展示中心。中国石油运用大数据、云计算等先进技术，建成了涵盖收集、整理、保管、利用等9大模块105项二级功能的数字档案管理系统。数字档案管理系统在多个业务环节探索应用人工智能技术。档案馆从档案管理升级、档案研究推动、档案文化引领3个层面向纵深拓展。

为落实《"十四五"全国档案事业发展规划》和中国石油"十四五"总体部署，切实增强档案工作对集团公司中心工作和各项业务的支撑、促进、服务和保障能力，提升档案支持业务工作高质量发展的水平，结合实际，规划的重点任务主要包括：（1）加快档案治理体系建设。建立档案与业务协同发展机制，提升重点领域档案服务能力，健全档案工作制度标准体系，创新企业档案业务监督指导，加快档案骨干人才队伍建设。（2）推进档案资源体系建设。拓展档案收集范围，严把档案资源质量，加快档案数字化转型。（3）完善档案利用体系建设。持续创新档案服务手段，提升档案利用服务能力，强化档案史志编研开发，切实推进史志年鉴编纂，加大实物档案征集力度。（4）夯实档案安全体系建设。加强档案馆库建设与管理，强化档案安全保护工作，提升数字档案资源安全管理能力。（5）加强档案科技和信息化建设。加强重点科研任务攻关力度，强化数据归档和电子档案管理，提升和完善档案管理系统功能，推进企业数字档案馆（室）建设。

三、中国石油档案建设案例——以西南油气田公司为例

西南油气田公司隶属中国石油天然气集团有限公司，由原四川石油管理局（1958年成立）在1999年重组改制成立，主要负责四川盆地的油气勘探开发、天然气输配、储气库以及川

第一章　档案数字化转型态势与面临的挑战

渝地区的天然气销售和终端业务,是我国西南地区最大的天然气生产和供应企业。

西南油气田公司深耕四川盆地60余年,建立了我国第一个完整的天然气工业体系,历年天然气累计产量超6000亿立方米,现具备年产能力420亿立方米以上;拥有集输和燃气管道约7万千米,年综合输配能力450亿立方米,建有一座最大日调峰能力3800万立方米的相国寺储气库,区域管网通过中贵线和忠武线与全国管网互联互通,是我国能源战略通道的西南枢纽;天然气用户遍及川渝地区,拥有千余家大中型工业用户、1万余家公用事业用户以及2500余万家居民用户,有力保障了川渝地区75%以上的天然气市场安全平稳供应。

近年来,西南油气田公司致力于寻找大场面、建设大气田,勘探上统筹"海陆并举、常非并重、油气兼顾",形成了盆地二三叠系、震旦系—下古生界、陆相致密气、深层页岩气四个万亿级增储新阵地;开发上坚持"新区上产、老区稳产"并重,形成了川中古隆起、川南页岩气、盆地致密气、老区气田四大百亿工程。2023年,天然气产量突破420亿立方米,油气当量达到3361万吨,跃居集团公司上游板块第三位,持续巩固全国第二大天然气田地位。2024年,西南油气田公司将以习近平新时代中国特色社会主义思想为指导,认真落实集团公司各项决策部署,坚持守正创新,加快转型升级,坚定不移推进党的建设、能源保供、科技创新、绿色发展、管理提升等方面战略部署，锚定500亿，接续再奋斗，全力谱写高质量发展西南新篇章，为保障国家能源安全，助力集团公司加快建设世界一流企业作出新的更大贡献。

（一）档案组织机构与人力资源管理情况

长期以来，西南油气田公司档案工作实行两级管理模式，档案中心是西南油气田公司档案工作的领导机构，所属各单位负责管理本单位的档案业务，两级档案机构基本纳入办公室系统管理。但随着历次改革的推进，两级档案机构的设置和隶属关系发生了较大变化，呈现出隶属关系多样、机构层级下移等现象。截至2023年11月，西南油气田公司有45家所属单位和控参股企业，具有档案管理职能的机构有39家。西南油气田公司所属单位、控参股企业档案部门的多样化设置反映了当前国企档案管理的普遍现状，一定程度体现了企业高层对档案工作的认识理解。

档案人员数量方面。西南油气田公司除新能源事业部、工程项目造价中心等6家档案由档案中心代管的单位未配备档案管理人员以外，其他39家所属单位、控参股企业都严格按照档案管理工作要求配置专兼职档案管理人员负责各单位具体档案业务实施。西南油气田公司档案人员呈逐渐减少态势，与10年前（即2013年）人员数据进行对比，专职档案人员减少28人，档案中心编制减少43%。在档案人力资源结构上，不同单位呈现出较大差异，部分小单位没有设置档案机构或档案管理岗。

年龄结构方面。西南油气田公司档案系统队伍年龄结构老龄化严重,平均年龄48岁,个别单位档案队伍平均年龄甚至高于52岁。随着我国史上最大规模"退休潮"时代到来,在未来5年内,西南油气田公司所属单位、参股企业近一半的专职档案人员即将退休,40~49岁、30~39岁、30岁以下各年龄阶段档案人员数量也面临断崖式下降,档案队伍断层断档情况较为严峻。

专业结构方面。西南油气田公司档案管理人员,绝大多数为转岗。档案专业职称方面,副研究馆员仅6名、馆员21名,两者总计占专职档案人员的23%。学历方面,115名专职档案人员中,硕士研究生5名、本科生86名。从档案工作的从事年限上看,5年以下的50名,约占43%。整体来说,西南油气田公司档案工作年限长且经验丰富的人员少,档案工作年限短且经验不足的人员较多。

人才结构方面。从档案基础工作方面来看,档案包含了10个类目,其中较为复杂的建设项目档案人才极其缺乏。从档案工作的深度开发来看,档案编研、信息化人才缺乏,难以承担档案资源深度开发利用工作。掌握数字技术知识的人才缺乏,导致不能很好地配合推进档案信息化工作。

档案对归档业务的约束管理机制。除重庆气矿、蜀南气矿、川西北气矿、输气管理处、川东北气矿、重庆页岩气等个别单位对机关部门的归档情况纳入绩效考核外,档案部门基本没有对业务部门的归档工作形成有效的约束机制。

档案机构内部的绩效管理。除了单位统一的绩效考核管理，西南油气田公司两级档案部门大部分没有单独的绩效考核，正反向激励机制缺乏。重庆气矿、输气管理处、相国寺储气库等个别单位制定了档案人员绩效考核制度，但在实际工作中个别存在着未能完全落实或考核逗硬的情况。

（二）档案库房及资产情况

统计发现，西南油气田公司档案馆库面积和分布主要呈现出两个特点：（1）中小库房数量居多，大库房区域比较集中。50处馆库中，面积小于100平方米的有23处，101至500平方米的有16处，中小库房数量较多。大于500平方米的馆库有11处，大都分布在成都、遂宁、重庆、泸州、绵阳等单位比较集中的区域，这些区域有实施集中管理较好的馆库基础。（2）馆库面积呈现区域集中的特性。馆库面积共计16302.63平方米，其中成都区域库房数量有30处，面积占到45%，其他面积较大的有重庆、泸州、遂宁、绵阳（江油）。从档案馆库的建设时间和馆舍形态上看，馆舍陈旧且存在较多非标准或非"三分开"档案馆库，馆库规范化建设需要加强。从已填报的数据看，超过10年的馆库面积达到11147.6平方米。

根据西南油气田公司35家单位自查数据，共有档案相关设施设备5577台/套，原值合计约26.07亿元以上。其中，档案保管、安全设备5234台/套，原值25.36亿元以上；办公设备343台/套，原值7069万元以上。

（三）**档案运维管理情况**

关键业务运行中的档案管理主要包括档案制度建设、业务指导、队伍建设等等。档案中心积极履行对档案工作的统筹规划以及对所属各单位档案工作的监督指导职能，建立了档案工作领导责任制，积极传达上级工作要求，制定工作计划，制修订制度规范标准，开展档案培训，做好业务监督指导，档案管理基本受控。

长期以来，西南油气田公司档案系统用心耕耘档案的收存管用，奠定了较好的工作基础，收集保管规范化程度高，年鉴编纂成果丰硕，档案宣传亮点纷呈，树立了档案宣传样板，地质资料补交汇交工作名列前茅。

（四）**档案信息化建设情况**

西南油气田公司档案信息化工作按照中国石油档案馆统一规划、统一推进的步骤，目前实现了档案系统与公文、财务、合同三个业务系统的集成对接，其中合同系统还在持续推进中，其他大量的业务系统还未能实现与档案系统的集成对接，大量有价值的互联网大数据未能实现信息化手段的捕获收集归档，业务系统归档的急迫需求与制定不同系统归档策略和解决技术难题的滞后成为当前信息化最大的矛盾。

"十三五"以来，西南油气田公司按照"存量数字化、增量电子化"的要求推进档案数字建设。从统计数据来看，当前整体数字化率在66.5%，科研类档案数字化率最高，达到93.8%；数字化率最低的为会计类档案，为20.2%，但随着"十四五"之初财务系统与档案系统的集成对接，预计会计类档案数字化率将大幅提升，但仍将同步开展其纸质原件的归档存放。

西南油气田公司将档案管理系统开放到下属二级机关，所属各单位也未进行个性化功能模块的开发应用。2023年，为促进档案收集和更大范围的档案利用，西南油气田公司采取"推广应用+自我评估应用"的方式，将档案系统由档案中心和厂处级的两级应用向三级应用延伸，目前有5家二级单位的三级单位已开始应用档案管理系统。

第二章　档案数据要素价值体系重构

数据要素成为驱动数字经济发展的动力引擎，推升了企业档案数据要素基础价值地位，拓展企业档案数据要素利用价值维度。长期以来，业界从不同视角对档案价值及其数据价值体系进行构建，有许多思路和方法值得借鉴。本章依据党和国家对数据要素价值的新定位，借鉴数据和档案价值理论研究成果，从档案数据文化视角认识数据赋能的动力基础，从档案数据完全成本视角认知档案数据价值基础，从档案数据科技成果属性视角理清档案数据的价值体系，以此为基础，提供一个全面的档案数据重构的逻辑框架，重新解构档案数据要素价值体系，为档案数据要素赋能产业发展机理和路径研究提供基础。

第一节 档案数据赋能的动力基础——数据文化

一、数据文化定义与特征

数据文化作为一个相对悠久而新兴的概念，尚未有明确的统一定义。不同机构和个人根据不同的研究目的和应用场景，对数据文化理解不同，从结构内容、文化层次、应用场景等不同角度加以阐释。在数字经济时代，数据文化是指企业依据党和国家数字经济发展战略，围绕产业企业核心价值观和愿景，体现企业使命和精神，在数据开发、利用、服务与管理创新实践活动过程中，生产经营业务与数字技术深度融合所形成的一系列数据价值观念、数据行为、数据制度规范、数据设施等总和。数据文化是以数据为导向，注重事物的精准量化和数据的科学分析，"凭数据说话"的思维方式和行为方式总括，指导人们的物质、精神活动更精准、更高效、更公平。

数据文化除了具有社会性、民族性、人本性、实践性、传承性、特色性等企业文化的一些共性特征外，还应有以下五个特征：数据异质性、数据资源型、数据创新性、数据安全性和数据共享性。

二、数据文化体系构建的必要性

（一）数字化转型和数字经济发展需要数据文化动力驱动

文化是企业的灵魂，是促进企业不断发展的原动力，其中蕴含的丰富内容、企业精神和价值观是核心，企业竞争的本质是文化层面的竞争。数字化转型要求企业文化适应快速变化的数字经济发展环境，这需要企业在数字化转型过程中积极引导和创新企业文化的内涵与构成，建立数据文化，培养员工对数据的敏感性和洞察力，使其与数字化转型的目标和价值观相一致。经济合作与发展组织（OECD）认为数字经济是一个完整的生态系统，它利用大数据、物联网、人工智能和区块链等数字技术推动社会经济领域进行数字化转型，需要与之相适应的数字化生产关系予以支撑。

数据文化是尊重事实、强调精确、推崇理性和逻辑的文化。"数据文化"是一种特殊的文化类型和文化现象。企业重视数据收集、分析和应用，以数据为驱动力推动业务发展。企业注重通过实证验证假设和决策，避免主观臆断和盲目行动。企业倡导公开、透明的数据和信息分享，提高内部协作和外部信任。强有力的数据文化和人才是在数字化经济中取得成功的关键要素。大多数从事数据科学、人工智能和数字化转型工作相关人员意识到，阻碍数字化转型与数字技术应用通常是文化，而不是技术，数据文化建设是数字化转型的关键。

（二）数据文化促进产业企业文化的变革

企业文化是企业的灵魂，是员工的价值追求和精神纽带，是企业凝聚力和创造力的源泉，是推动企业不断向前发展的动力。企业数据文化是企业文化的重要组成，数据文化有其特殊性。数据文化也能让人们在是否利用数据驱动业务决策上达成行为理念的共识。2023年5月25日贵阳大数据博览会期间，大数据战略重点实验室和全国科学技术名词审定委员会发布了大数据十大新名词，即块数据、主权区块链、秩序互联网、激活数据学、5G社会、开放数据、数据交易、数据铁笼、数据安全和数权法。十大新名词的发布，揭示了大数据的时代特征，正在开启信息时代的数据文化建设。

数据文化的兴起必然会对企业现有的文化带来冲击，变革是必然的结果。数据文化是由与已经渗透进入企业生产、技术、运营、管理诸多环节与数据相关的精神理念、行为和数据载体组成的，通过数据赋能，不仅能做出更好的决策以及创造出商业价值，也将促进企业文化的变革。

（三）产业数字治理体系需要数据文化支撑

数据文化更强调从整体协同、意识引领和行动自觉方面推进产业数据治理，是治理的更高阶段和发展形态。在产业数据治理活动中，产业企业强调重视产业数据文化的功用以及培育，运用文化的整体性视角、协同性价值以及基于文化认知形成的自觉行动，作为新时代加快我国产业数据治理的基本路径，尽快汇聚成具有我国文化自信和文化自觉的产业数据文化。借力数据文化赋能迭代、融合、创新和治理，不断促进数据文化赋能与企业融通发展是破局解困的战略性机制，必须充分发挥市场决定性作用，同时更好发挥企业创新主体行为作用。

完善的产业数据治理是一个产业数据治理能力"硬实力"和"软实力"全面提升的过程，以数据文化体系为内核的"软实力"就决定着企业在数据善治这条道路上能走多远。树立数据意识和"数据文化"思想，习惯运用数据进行管理和决策，通过建立共享数据治理系统、促进数据作为企业发展资源的观念形成、拓展"自上而下"到"自下而上"的服务面向等方式在培育数据文化上发挥作用。

（四）数据文化在数字化转型中面临困难与挑战

我国数据文化尚未受到重视，数据文化的形成、传播和发展，仍是一个长期艰巨的任务。（1）数据文化在产业企业发展与转型过程中并不是一帆风顺的，数字化转型需要跨部门、跨团队和跨地域的协作。若缺乏有效的沟通和合作机制，将阻碍项目的顺利推进。（2）数据文化作为一种内化的精神认同感，无法让每个员工都信服和认同，员工可能会产生抵触情绪，同时也可能对新技术和数字化转型感到不适应。（3）数据文化培育与建设需要企业付出巨大的投入，然而短期内效益并不明显。

三、数据文化体系构建思路与原则

（一）依据党和国家对数据要素价值的新定位

2020年4月，中共中央、国务院发布《关于构建更加完善的要素市场化配置体制机制的意见》，其中明确提出"加快培育数据要素市场""提升社会数据资源价值"。习近平总书记在十九届中央政治局第二次集体学习时强调，要加快建设数字中国，构建以数据为关键要素的数字经济，推动实体经济和数字经济融合发展。

数据这种基于声音、文字、图像、符号等观察而来的结果，不仅成为了技术和生产要素，还成为了信息、知识和符号，数据的文化意义由此显现。随着迈入数字时代，数据从附属品变成了企业创造价值的关键资源。持续创造高绩效，就必须回归文化的根本：重新思考企业数据要素的定位、数据使命和数据核心价值观。作为生产要素的数据有两方面的意义：一是数据与资本、技术等要素相互作用，在一定程度上提高了生产效率；二是数据还成为了消费品，其包含的信息和知识已经形成了非常大的市场，无论是新媒体还是电子商务、短视频和直播等产业的蓬勃发展，都使数据成为了文化符号的媒介和经济财富的载体。

（二）数据文化推进数字技术转化应用的需要

随着人工智能、云计算、大数据、物联网以及数字化其他相关技术、理念、应用的兴起，数字化转型已经成为了各行各业的共识。打造企业数字文化，必须坚持以党建为统领，围绕企业生产、安全、环保、技术、人事、财务、经营、管理等各领域业务，从领导到基层、从个人到集体，将数字化治理理念根植于心，将数字化行为准则融汇于行，为全面推进企业数字化转型奠定坚实的思想基础、行动基础和群众基础。

（三）拓展企业文化构成与功能，推进数据治理体系建设

数据文化的定位是：数据文化是企业文化的重要组成部分，是促进企业高质量发展的"助推器"，是加速企业融合优化各类资源要素配置的"黏合剂"。数据文化与其他职能文化一样，必须以企业文化核心理念为主导，以职能文化理念为支撑，以理念系统、行为规范系统、形象识别系统为基础，以各自职能工作为载体，是企业文化建设的重要组成部分和"落地"的必经之路。数据文化除具有导向性、激励与约束性、凝聚性、辐射性、滋养性等一些共有功能外，还应有以下五项功能：

1. 价值引领功能

数据文化的价值引领功能，是以企业使命和精神对企业数字化创新创造的引领。通过营造善用数据的文化氛围，树立"尊重事实、用数据说话"的理念，真正把关注和使用数据变成一种风尚和习惯。数据文化孕育形成于产业数据治理的实践过程中，是对产业数据治理活动中发展规律、知识经验、价值观念等的积淀和总结，是产业数据治理的灵魂，深刻影响着产业数据治理主体在数据管理与服务活动中的价值定位、行为习惯、内部结构和运行机制等，对实现产业数据善治发挥着重要的思想指引作用。

2. 危机警示功能

数据文化的危机警示功能，主要体现在以深刻的文化自省，充分看到我们与世界数字强企的巨大差距。数据和事实是企业制定战略和决策的基础，确保决策的科学性和准确性。以数据和事实为依据进行决策，可以减少主观臆断和盲目跟风，提高企业决策效率和准确性。通过数据和事实对企业运营、绩效、市场等进行评估，以便及时调整策略，也为企业内部沟通提供了共同语言，有助于消除误解，提高沟通效率。

3. 能力提升功能

数据文化的能力提升功能，主要体现在以数据文化的引领、凝聚、熏陶、教化、激励、润滑、整合等作用功能，认知差别是本质的、不可量化的，当前企业的竞争重中之重就在于认知的竞争。通过数据和事实优化业务流程、提升产品质量和服务水平，有助于企业在市场竞争中脱颖而出。以数据和事实为依据的文化鼓励员工用数据说话，有利于发现新趋势和机会，推动创新。

4. 凝聚整合功能

数据文化的凝聚整合功能，就是以先进的数字理念和思维特性重构企业价值体系，利用数字技术、数字经济整合企业各类资源要素快速融合、快捷流动，赋能企业转型升级，促进企业高质量发展，催生企业新产业新业态新模式，让所有级别的员工都掌握使用数据、分析数据、管理数据的能力。共同遵循以数据和事实为依据的价值观，有助于员工形成共同的认知和行为准则，从而增强企业凝聚力和归属感。

5. 安全规范功能

数据文化的安全规范功能，主要体现在增强企业数字安全意识和法规意识，高度警惕数字经济在快速发展中出现的一些不健康、不规范的苗头和趋势，严格遵守国家有关法律法规，保护从业人员和消费者合法权益，坚决杜绝损害群众利益、妨碍公平竞争、平台垄断和资本无序扩张等不良行为的发生。产业数据文化重视数据在产业发展进程中的价值作用，倡导"用数据来服务、用数据来治理、用数据来决策、用数据来创新"的文化氛围及实践，进而促进产业达成高质量发展目标。

（四）遵循数据文化建设目标

按照建设中国特色社会主义总目标，建成先进、文明、高效、创新、开放、自由、安全、可持续的产业数据文化体系。（1）共享数据。数据透明及公开是成熟数据文化最核心的特征。企业中的每个人及利益相关者不仅能够获取数据，而且这些数据系统和报告易于理解。（2）重视数据。企业决策者及相关工作人员重视数据的管理与运用，将数据作为进行决策的必要环节。(3)信任数据。数据质量是建立数据信心和推行数据应用的关键。(4)使用数据。企业强调基于数据决策的益处，培养员工用数据发现问题、洞察规律，用数据思考、用数据管理、用数据决策。鼓励员工使用数据并提高其数据挖掘和分析的能力，以充分挖掘数据的最大价值。(5)创新数据。坚持新思维，把认识数据、使用数据、凭数据决策作为数据文化的基本表征。采用新方法，即系统科学和系统工程方法，把推进时空数据发展作为一项复杂巨系统工程、整体谋划、长远规划、有序推进，具体可以从产权保护、品质保障、隐私维护三个方面着手。

四、数据文化体系构成

企业数据文化是体现企业的使命和精神，以数据思维为核心的新型文化体系，主要内容包括数据文化的结构和载体数据文化的结构，与企业文化一样，都是由内至外的精神层面、制度层面、行为层面和物质层面等构成。

(一)数据理念文化

数据文化最根本的是价值观念、思想观念。数据文化是一种特殊的文化类型和文化现象，它尊重事实、强调精确、推崇理性和逻辑性。在数据文化的精神层面，以企业的使命、愿景、核心价值观、精神等核心理念为主导，生成数据文化的哲学、理念、宗旨、道德等，使其成为数据文化的精神源泉。数据不仅是一种工具，而且是一种战略、世界观和文化。它包括培养人们理性思维的能力和实证精神以及对于大数据搜集、分析、应用及有效管理的认识。树立尊重事实、一切靠数据说话、一切凭数据决策的理念，使注重数据、使用数据成为一种习惯和风尚，并根据数据分析结果做出决策或变更。建立数据为先的观念，要有使用数据的意愿、态度和习惯，关注文化对产业数据的善治功能，重视产业数据文化的功用。

（二）数据制度文化

制度文化是企业行为规范的总和，涉及组织政策、工作关系、层级体系，以及各项规章制度和纪律等。在数据文化的制度层面，要把数据文化的哲学、理念、宗旨、道德等作用于企业数字战略、生产、经营、管理和创新，并形成有关政策、条例、规章、措施等各项制度。从法律层面对数字经济进行界定，形成完善的权责划分体系，涵盖设计、生产、使用等全环节。通过构建完整的数据隐私保护法律制度实现全流程监管，有效维护消费者和其他相关利益主体的合法权益。

从企业层面须高度重视数字文化建设，必须强化党对数字化文化建设的领导，制定和落实相关制度和规定，健全完善信息安全、项目实施、运维保障、资源分配、绩效考核等配套制度和管理规定。在数据采集加工、交易分发、传输存储及数据治理等环节，制定文化数据安全标准，强化档案数据库数据入库标准，构建完善的文化数据安全监管体系，完善文化资源数据和文化数字内容的产权保护措施。

(三）数据行为文化

在数据文化的行为层面，将数据文化的精神和制度层面的内涵作用于企业、企业家和企业员工的行为，并固化为数字行为方式；将企业数据文化精神和制度层面的内涵作用于企业及全员的行为，并固化为数字行为方式。科学有效地对产业庞大数据进行记录、存储、分析和应用，避免数据传递、加工及转化等过程中"非理性"文化现象的发生，规范数据活动和强化数据共享，践行产业能用数据"说话"的精准文化行动逻辑。打造企业数据行为文化，必须坚持以党建为统领，围绕企业生产、安全、环保、技术、人事、管理等各领域业务，从领导到基层、从个人到集体，将数字化治理理念根植于心，将数字化行为准则融汇于行。

（四）数据物质文化

在数据文化的物质层面，重点是数据文化精神、制度、行为层面的内涵和作用在物质层面的外在表现及价值体现，主要包括大数据、云计算、物联网、区块链、人工智能、5G通信等新兴技术在企业的研究开发和创新应用，以及数字化产品、服务等方面的价值创造。企业应该搭建企业数据平台，投入必要的人力和财力，保障数据库或数据系统的建设、运营及维护工作，提高数据的挖掘和分析技术，增加数据的利用效率，为企业管理人员提供全面、权威的数据来源。

通过人工智能等新基建技术的融合应用，集成技术聚变，优化产业数据应用场景，提升产业数据应用服务的专业度、精准度、受用度，充分释放数据要素价值，助推产业全面转型升级。企业数字化平台建设，需要企业从战略、运营和技术等方面进行系统思考和重塑，并聚焦数字技术赋能或驱动的客户沟通、员工赋能、运营优化、产品服务化和场景化。

打造信息资源分享平台，构建全方位行业公共服务体系。通过对文化和产业信息的内在价值进行认知、保护、评价和推广，实现 AI 赋能文化和产业高质量发展，开展文化和产业高质量发展的数字化与智能化的应用示范，为产业发展提供决策咨询。

（五）数据绩效文化

加强绩效管理，制定与数据相关的奖惩机制，鼓励员工使用技术、工具去解决业务上出现的问题，强化用数意识，奖励那些有效利用数据来推动业务发展的员工。同时，树立数据应当真实客观的理念，对于在数据录入、数据采集、数据应用等环节出现数据质量、数据安全等问题，应对相应的员工采取必要的惩罚措施，促使员工建立依规用数、科学用数的职业操守。

加强数据文化对数字化转型的影响和效果评估。良好的数据文化可以增强员工对数字化转型的积极性和参与度。在促进企业转型的过程中，良好的数据文化也有利于企业进行效果评估。同时，企业还应对员工参与数字化转型培训和学习的成效进行评估，以确定培训对员工数字技能和适应能力的影响。

（六）数据治理文化

数据治理文化的对策是以用带治以治促用。（1）开展数据战略规划，明确数据治理的整体策略与方向。（2）理顺数据治理框架、数据管理组织、制度和流程。（3）盘点数据资产，形成资产目录。（4）建设数据管理工具和平台，打破数据壁垒。

从数据管理到数据治理，建立为利益相关者服务的共享数据治理系统。相对数据管理，数据治理更注重明确相关角色、工作责任和工作流程。在建立和完善整合型数据仓储的过程中，对数据架构组织、数据模型、数据标准、数据质量、数据监控、数据安全以及数据的使用权限等内容和流程进行规范，将数据按企业管理主题分类并使其成为各利益相关者进行交互式访问的数据治理系统，这种共享数据治理系统，由产业机构进行管理和监督，由广大数据用户设置和维护。

第二节　档案数据价值基础——数据完全成本

一、企业档案成本研究现状与管理问题

（一）企业档案成本研究现状

在企业档案管理成本研究方面，国内专家学者主要针对自身业务实际情况，从不同的视角对档案成本进行了相关研

究。(1)档案成本构成研究方面,企业档案成本构成的研究文献较多,类型划分依据主要以人财物为主体的档案成本结构,基于自身实际形成了类型繁多成本名称。例如,梁伟杰(2017)认为档案管理成本的构成包括物质成本、人力成本、管理成本、后期使用成本。(2)档案成本核算方面,专题探讨档案成本核算的文献较少,多数档案成本核算研究内容分散在相关文献中。方秋生(2013)对企业自主管理和业务外包两种管理模式下的成本核算进行比较性经济分析。(3)档案成本管控方面,专题探讨档案成本管控的文献也较少,多数档案成本管控主要在论文策略或措施建议中体现。例如,胡琦(2017)提出制订优化成本效益的多视角下的一体化策略和顶层设计下的一体化策略,王巍(2018)提出降低企业档案管理成本的有效途径。(4)数字档案成本与效益方面,探讨数字档案成本的文献相对较多,多数学者以数字档案成本与效益论述为主。例如,关翠利(2017)围绕数字档案信息资源建设成本与效益分析为中心,对成本与效益进行分类和识别,并通过建立基准效益进行横向与纵向的比较。

(二)企业档案成本管理存在问题

1. 档案成本管理意识淡薄

主要表现在:企业主要着眼于生产工程建设等环节,对档案成本管理的意识还很淡薄,档案成本与档案管理成本不够清晰。档案成本结构的复杂性和收益评价的模糊性，也可能导致投入与产出问题也就被忽略。档案管理人员的成本控制意识也不强，成本和效益、投入和产出的问题几乎没有被大家关注，经常忽视成本。

2. 档案成本预算与核算管理薄弱

例如，按目前中国石油会计核算制度，油气田企业的档案成本核算还未落实到档案机构，无法准确提供档案全业务链成本管理所需的成本数据。企业档案管理的成本还没有设具体的会计科目，造成档案成本的历史资料不够完整，使档案业务板块成本项目指标预算与核算工作很弱。

3. 过程的成本控制做得不够

在对档案成本管控过程中，经常会简单执行上级年度和月度的财务、预算、计划管理和任务执行等手段和方式，将档案业务和财务部门的管理按照职责进行分工，不能够根据实际情况对成本费用进行有效的控制，整个档案成本管理缺乏弹性和规范性。

4. 成本考核机制不完善

企业档案机构考核指标中虽然也有管控成本指标，没有将档案成本与效益评价结合，因而档案部门无法对本部门产生的经济效益进行准确的测算，难以真正考核档案效益和效率，责权利相结合的奖励机制难以实现，也不利于控制企业档案投资成本。

二、档案数据完全成本体系构建思路与设计

（一）完全成本体系构建的思路

实施企业档案集约化管理，推行"档案馆+N中心"制，必须考虑档案独立预算与核算。根据新修订的《中华人民共和国档案法》（2020年6月20日），档案的业务主要包括收集、整理、保管、统计、利用、编研、鉴定、销毁档案及其监督管理活动。按照档案业务的作业链实施作业成本法，形成档案的基础成本体系；依据管理会计的内涵和功能，构建为公司内部档案管理决策的成本结构。

因此，按照行业油财务会计内控制度，参照独立核算机构的基本成本结构，以档案业务（作业）成本为基础，吸收管理会计视角的成本构成，设计独立核算条件下档案完全成本构成。以下9项成本结构可作为企业档案成本的预算和核算科目结构，也是年度预算和核算的成本要素。而计算每卷档案管理的成本费用就复杂得多，因为它是按财务年度递进的，管理年代越久的档案，它的每案卷成本费用就越高。

（二）完全成本体系内容

1. 基本运行费

基本运行费指档案收集、整理、保管、利用、销毁等作业全链条中发生的基本运行成本，包括：材料燃料动力、维护及修理、差旅费、会议费、办公费、业务费、技术服务费等。

2. 人工成本

人工成本指档案收集、整理、保管、利用、销毁等作业全链条中发生的人员费用，主要包括：工资奖金、计提的工会经费、福利费、职工教育经费等，以及社会保险、商业保险、劳务费等。

3. 折旧摊销

折旧摊销指库房、设施、设备等固定资产的折旧以及无形资产摊销等，主要包括：固定资产折旧、无形资产摊销等。

4. 科技成本

科技成本指档案集约化管理中科技创新发生的成本，包括：编研费用、档案科技项目研发与数据产品推广费等。

5. 信息化成本

档案信息化成本指信息化建设成本（硬件和软件投入），包括：软件开发、网络维护、数字化转化等成本。软件投入是数字档案建设必要支撑条件。

6. 管理费用

管理费用指为档案管理发生的费用，主要包括档案机构行政管理部门为组织和管理档案业务和经营活动而发生的各种费用。如差旅费、会议费、办公费、业务招待费、差旅费、邮电费、绿化费、聘请中介机构费、技术服务费、工会经费、管理人员工资及福利费等。

7. 财务费用

财务费用是指档案机构为筹集档案业务和管理所需资金面发生的各项费用，包括利息支出（减利息收入）、汇兑损益以及相关的手续费、机构发生的现金折扣或收到的现金折扣等。

8. 税费

税费指所得税以外的税费，如印花税、增值税及附加。

9. 其他成本

除了上述8项成本以外的其他档案成本。

第三节　档案数据要素价值体系构筑

一、价值体系构建的依据

（一）数据要素推升企业档案数据要素基础价值地位

2017年，习近平总书记在中央政治局集体学习时强调，在互联网经济时代，数据是新的生产要素，是基础性资源和战略性资源。2020年4月，中共中央、国务院发布《关于构建更加完善的要素市场化配置体制机制的意见》。《中华人民共和国档案法》（2020）规定档案的核心要义是对国家和社会具有保存价值的各种文字、图表、声像等不同形式的历史记录。档案历史记录的特性决定了档案的凭证价值，即档案的第一价值或基础价值，是其他材料所不能取代的。

企业档案数据展示了企业的设计、生产、营销、运输等为企业创造价值的一系列活动、功能以及业务流程之间的连接情况的原始记录，随着数据要素驱动数字经济发展，又必然会推进企业档案历史记录的数字化水平，推升企业档案数据要素基础价值地位。

（二）数字化转型拓展企业档案数据要素利用价值维度

数字化转型是一个不断应用数字技术最新成果，以产业数字化平台为桥梁，通过深度连接产业链的生产、流通、分配和消费环节，形成供需匹配的高质量发展动态平衡的过程。数据只是一种生产要素，要释放数据价值，就必须与企业劳动、资本、技术等其他生产要素相结合。2021年6月，中办国办印发《"十四五"全国档案事业发展规划》要求：加强大数据、人工智能等新一代数字技术在数字档案馆（室）建设中的应用。例如，利用云计算技术等共建档案数据资源池，构建档案价值实现的多元体系。数字化转型拓宽了企业数据要素应用场景的同时，也拓展企业的经济、技术、社会、文化等各个方面的利用价值空间和维度，驱动企业运行决策优化以实现倍增效应。同时，档案管理正在经历一轮新的变革，强化了档案数据要素价值分析、评估、定价、交易、治理等管理创新。

二、价值体系的结构设计

（一）结构设计思路

1. 以档案数据要素形成、利用与管理为导向，拓展档案数据价值空间维度

以档案数据要素形成为导向，归集档案数据要素的基础价值体系。档案数据来源于企业生产、技术、物流、销售、经营管理等相关业务数据，通过数据要素形成业务链（包括采集、存储、清洗、脱敏、脱密、加工、分析等），形成档案的第一价值即凭证价值，它包含企业全业务链的经济、技术、社会、文化信息的历史记录和情报数据，形成档案数据的基础价值体系。档案具有历史再现性为其本质属性，其他特点为其一般属性。档案数据的凭证价值是基础价值，表征档案数据的基础地位与作用。

以档案数据要素利用为导向，重塑档案数据要素利用价值体系。针对不同档案数据类型、用途和具体业务场景，档案数据参与企业运作的本质是与其他生产要素协同，经过"算力+算法+数据"组合创新降低企业决策不确定性，因企业应用场景和数据交易市场不同而衍生出相应的档案数据利用价值体系。尽管档案数据的利用价值具有多种形态、多层次，不同价值主体、不同阶段的利用价值不同，而档案数据利用的经济价值、技术价值、社会价值、文化价值等构成档案数据利用的基

础价值体系。档案数据利用价值越大，表明对经济社会发展的促进作用越大。

以档案价值管理目标为导向，提升档案数据要素价值管理水平。数据要素所具有的可复制性、非竞争性和部分排他性等重要特性，随着时间的推移和条件的变化，必须进行档案数据价值体系和管理创新，实现其管理目标，即：档案数据资源建设迈出新步伐、数据利用服务达到新水平、数据化建设再上新台阶、数据科技创新实现新突破、数据人才队伍建设取得新发展、数据治理效能得到新提升。

2.借鉴数据和档案价值理论研究成果，梳理出档案数据价值构成

价值管理是指如何使公司内部各级管理层的管理理念、管理方法、管理行为、管理决策致力于股东价值最大化的管理机制，是围绕一些核心环节的一整套管理体系。这些核心环节包括公司战略及目标、资源配置、投资管理与计划预算、业绩衡量体系、激励体系、投资者关系管理、变革管理等。所有这些环节的实施都围绕同一个目标：最大化企业价值。许多著名企业实施以价值为基础的管理，取得了很大的成功，诸如微软、英特尔、可口可乐、西门子等公司都是价值管理的实践者和受益者。档案数据价值管理的特点主要有真实性与综合性、成套性与复杂性、动态性与分散性、时效性与长周期性。

美国档案学者谢伦伯格于20世纪50年代提出"文件双重

价值论"和覃兆刿（2015）提出档案双元价值观认为价值是档案对于其形成者所具有的价值，价值是档案对于利用者所具有的价值。在数据价值体系研究方面，黄如花等（2017）认为开放政府数据主要有四大基本价值，即政治价值、社会价值、经济价值和技术价值。陈方圆等（2023）认为自然资源资产价值体系包括经济价值、生态价值、社会价值三类子集。步同亮等（2024）分析和探究企业档案信息资源文化价值的开发方式，从不同方面强化企业档案信息资源文化价值开发的意义，卢培婧（2021）提出企业档案文化价值开发策略。陈虎等（2022）和安美琴（2023）从价值管理研究视角，认为企业数据价值体系包括数据治理体系、数据价值链和决策场景。但总体而言，学者对档案利用的经济价值、技术价值、社会价值、文化价值等研究涉及比较多。

3. 以科技成果价值构成为基础设计档案价值体系

习近平总书记在 2016 年全国科技创新大会上作出重要指示，要求正确评价科技创新成果的科学价值、技术价值、经济价值、社会价值、文化价值。其中科学价值是科技成果的基础价值，其他 4 项属于科技成果转化应用价值体系。档案数据既有成果属性也具有科技成果属性，可以借鉴科技成果的价值类型分类，划分档案数据的基础价值为凭证价值（包括历史价值、情报价值等），档案数据的利用价值体系为经济价值、技术价值、社会价值、文化价值，以表征档案数据要素价值构成（图 2-1）。

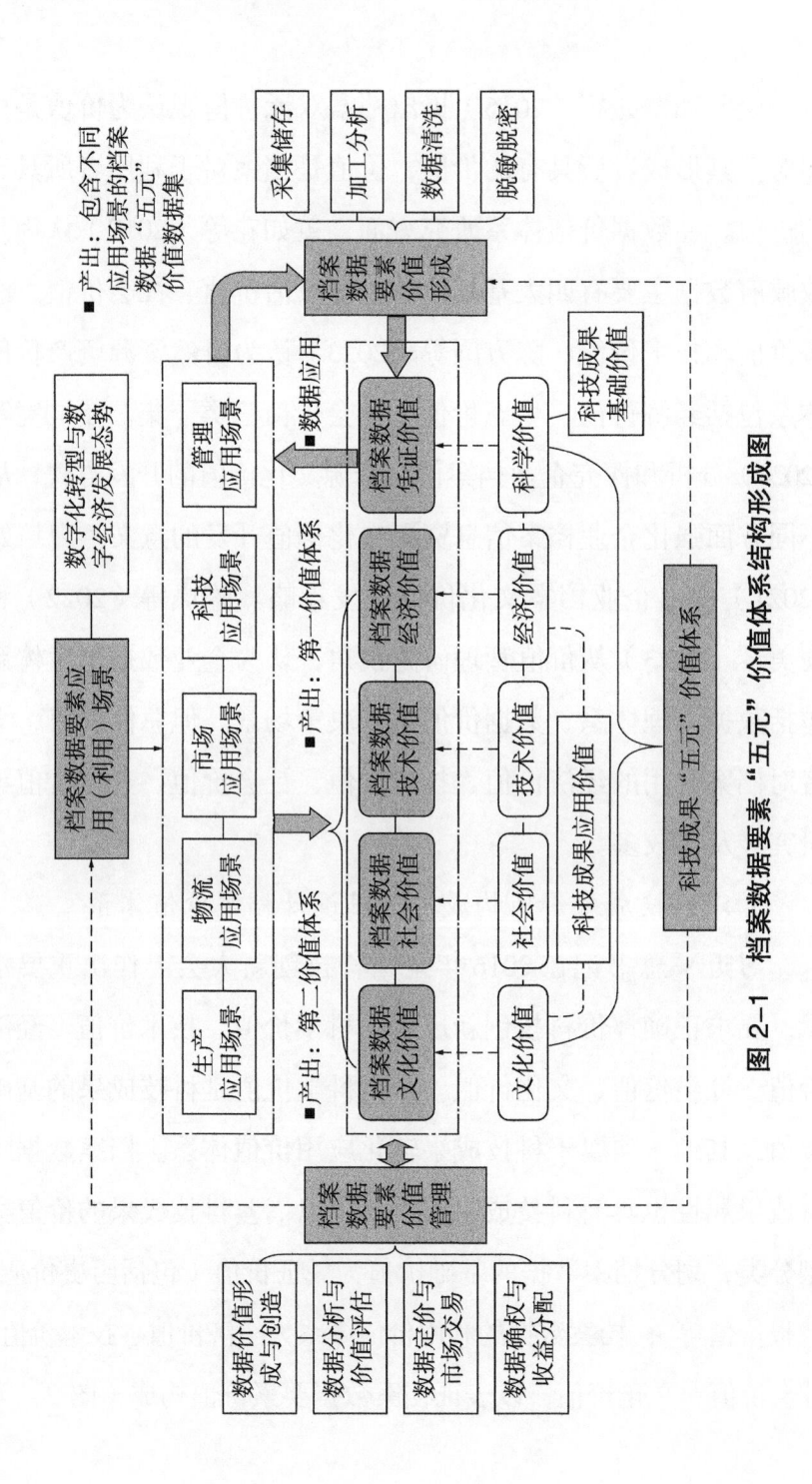

图 2-1 档案数据要素"五元"价值体系结构形成图

（二）结构内容描述

1. 档案数据的凭证价值

从档案基础价值视角，档案的凭证价值由其类型和特点、应用场景、形成过程所控制。它是过去和现在的企业机构、社团组织以及个人在从事社会实践活动时直接形成的具有保存价值的记录。因而，档案数据的凭证价值主要由历史价值、情报价值等组成。

档案数据的凭证价值是指企业历史上遗留下来的文字、图表、声像等档案所具有的作为证据作用的价值。档案数据既是有形资产的数据依据和证明，也是包括无形资产的数据依据和证明，在企业管理决策、企业文化传承、企业维护权益等多方面具有综合贡献。

2. 档案数据的经济价值

从企业经济业务应用场景视角，档案数据的经济价值指的是反映档案数据要素利用对提升企业竞争力、促进企业数字化转型升级、发展新业务、支撑经济高质量发展等方面的贡献。例如，在市场应用场景方面，通过对大量数据的分析和挖掘，分析企业和客户的历史数据、市场数据和运营数据等，开发出更加符合市场需求的产品和服务，提高企业的竞争力和市场份额。

3. 档案数据的技术价值

从广义上，现代企业全业务链都与科技创新密切相关，可以从三方面认识档案数据的技术价值，一是，企业档案都是当时科技创新的产物，相应地档案数据凝聚了相应的技术价值；二是，档案数据形成的业务链需要数字技术支持，承载着数据形成时的科技含量；三是，从技术创新应用场景视角，企业档案数据的技术价值是指档案数据所具有的技术含量和技术水平，以及反映档案数据要素在促进企业科学技术不断演进中的作用，包括对科学研究的基础和条件建设、企业重大技术创新攻关、维护企业科技知识产权、促进技术交流等方面的成效。

4. 档案数据的社会价值

无论在什么样的条件下，只要进行人事管理活动，就会形成相关的人事资料，就需要开展收集、整理、归档、立卷、保管和利用等档案工作，档案就具有存在和利用的社会价值。从企业和谐社会建设应用场景视角，档案数据社会价值反映档案数据要素在解决企业文化战略决策、社会办公与公管类、维护员工的合法权益、员工养老保险、环境保护、资源利用、生态平衡、防灾减灾、企业编史修志等方面提供丰富的原始资料支持。

利用馆藏档案中蕴含的极其丰富而宝贵的爱国主义教育资源，创建爱国主义教育基地，向青少年学生进行爱国主义教育。开展档案查阅服务，为外来投资企业提供信息，为职工查证工龄、解决养老保险，为单位、部门编史修志提供原始资料，为企业组织建设、党员管理、社会治安、综合治理、计划生育等各项工作提供规范、真实、有效地凭据，有利于企业和社会稳定与统筹协调发展。

5.档案数据的文化价值

企业档案是企业的文化记忆，具有非常可观的文化价值，主要体现在其作为文化财富、文化积淀、文化传播的重要媒介以及反映文化变迁的角色。从文化建设应用场景视角，档案数据文化价值是记录与传承企业文化的重要数据媒介，通过企业档案数据资源、档案数字出版物和档案数字展览等形式向社会展现和繁荣企业的文化风采，为企业发展提供软实力支持。档案数据文化价值重点基于档案记录历史、反映企业文化的演进、档案文化价值功能开发、创造性地支持企业文化战略实施与管理等方面。

第三章　档案数据要素赋能产业发展机理探索

在双循环格局和数字经济推动下，党和国家积极推动高质量发展。现代产业高质量发展主要通过产业数字化转型完善"产运储销"一体化设施建设及市场化改革打通内循环软、硬堵点，产业数字化智能化水平对外开放向全方位推进，通过档案数据要素赋能拓展全产业链档案的企业和社会服务，以及文化传承新使命，助推产业高质量发展目标达成。其赋能机理众多，如结构赋能、资源赋能（包括数据资源）、方向赋能、目标赋能、成长赋能、绩效赋能、观念赋能等。本章在分析天然气产业链与数字化转型、产业链数据业务系统、产业档案业务链、档案数字化发展态势与挑战基础上，探讨档案数据要素的三大赋能机制，包括档案数据要素组合创新增值赋能机制、档案数据业务价值链融合创新赋能机制、数据决策产品转化应用赋能机制，及其档案数据要素赋能的三大管控机制，即档案数据要素赋能产业可持续发展机制、档案业务全生命周期业务流程运行机制、档案资源集约化开发和共享运行机制，以深化认识档案数据要素赋能机理。

第一节 天然气产业链与档案数据业务链

一、天然气产业链与数字化转型

（一）勘探开发业务链与数字化转型

1. 勘探开发业务链

天然气勘探开发业务链包括区块勘探、圈闭预探、气藏评价等，涉及到气藏地质、气藏工程、钻井工程、采气工程、地面工程、经济评价等关键业务。相应的，生产管理主要包括勘探、开发、工程技术、生产运行、基建工程、生产信息化、物资、质量安全环保等管理业务。

天然气勘探是指利用各种勘探手段了解地下的地质状况，认识气生成、储集、运移、聚集、保存等条件，综合评价含油气远景，确定天然气聚集的有利地区，找到储集的圈闭，并探明油气面积，搞清气层情况和产出能力的过程。天然气勘探分为区域勘探、圈闭预探和油气藏评价勘探3个主要工程业务链。根据天然气开发管理纲要，产量将气田开发划分为上产、稳产、产量递减和低产4个阶段。

2. 勘探开发业务数字化转型

深化天然气勘探业务协同管理，推进勘探开发业务数字化转型，生产运行实现"一体化展示、全时域监控、数字化指挥、智能化调度"。（1）树立开发生产数字化转型、智能化发展标杆。减少气田管理层级，建立新型生产作业制度，完善开发生产管理流程，提升数字化、智能化管控能力。（2）巩固发展地面建设数字化管理体系。重点地面建设项目实现"油气田＋重点项目部"两级管理，严格执行中国石油《油气田基建工程数字化实施细则》，全面推进全数字化移交工作。（3）提升生产运行上中下游一体化管控能力。推进抢维修专业化管理，优化天然气调控管理制度，完善应急管理、钻井运行智能管理流程，高效开展土地全生命周期管理，大力推进天然气数字化管理。（4）增强工程技术甲方主导管理模式。抓好井工程项目专业化管理，制定配套管理制度，利用数字化手段推广井工程，推进"西南油气田、项目建设单位、现场监督"管理模式，推进井工程数据中心建设及数字化移交。

以数据流作为天然气勘探开发生产组织和管理的核心要素，建立数据"采集—建模—分析—反馈—重新采集"应用生态，提升数据在本业务范围内和关联业务间的循环流动效率，使业务链在数据的连续流动和正向循环中快速迭代、优化提升。

（二）储运业务与数字化转型

1. 天然气管道业务与数字化转型

天然气管道是将天然气（包括油气田生产的伴生气）从开采地或处理厂输送到城市配气中心或工业企业用户的管道，又称输气管道。利用天然气管道输送天然气，是目前陆地上大量输送天然气的唯一方式。长输管道运输量大、连续、迅速、经济、安全、可靠、平稳以及投资少、占地少、费用低，可实现自动控制，其主要特点是以陆路长输为主，运输量大，但投资规模也大，输气系统网络化管理可提高自动化水平，能够实现输气系统高效、安全运行。

数字管道就是利用地理信息技术、数据库技术、卫星遥感技术、三维仿真模拟技术、动态操作等数字地球核心技术，采集、处理与应用管道规划、设计、施工、运营、维护全过程全生命周期的基础地理数据与管道专业数据，结合管道沿线的环境经济信息建设管道数据仓库，为管道建设、运营与完整性管理提供真实可靠的技术数据，并且以地理信息系统平台为核心集成管道业务的各种应用，实现流程化的业务过程控制与科学决策。

数字化管道应用系统的架构，包括辅助规划设计、基于GIS的管道施工管理、管道设施管理、管道运行管理、管道完整性管理5个子系统。输气管道集中管控模式，包括优化输气管道管理链条、调整输气管道管理制度与流程、逐步实现输气管道智能化管理。例如，西南油气田公司管道运营实现"集中调控、区域管理、专业支撑"规划目标要求：到2025年，完成输气管道集中调控顶层设计；到2030年，完成数字化转型，输气管道实现集中调控，输气站场实现"远程控制、有人值守、无人操作"；到2035年，初步建成智能化管道，初步实现"智能化管理"。

数字管道数据中心的建设总体目标是：充分利用现有的计算机网络技术、地理信息系统（GIS）、数据仓库、数据挖掘、数据库分布式计算技术、数据集成、数据交换等技术构建安全、稳定、高效、高性能、跨平台、跨系统、跨应用、跨部门面向服务的分布式数据共享、交换平台，并支持其他应用系统来输入、输出、应用数据，实现管道业务数据资源的共享，达到业务的可配置和管理系统的可重用、可扩展。数字管道数据中心建成后将形成众多业务系统的数据核心平台，支撑用户系统的日常运行。由于业务系统的上线运行是一个渐进的过程，因此总体设计时系统的可扩展性和投资保障十分重要。虽然三层/多层结构提供了系统扩展上的灵活性，但是在硬件方案设计上依然需要注意扩展的需求。

2. 储气库业务与数字化转型

储气库体系通常包括地下气藏储气层、注采井、观察井、集输系统、压缩机、计量设备、脱水装置以及外输管道，即由注采气井、压缩站、脱水站、输气干线四大部分组成。储气库

第三章　档案数据要素赋能产业发展机理探索

工作过程中，注采井将周而复始地注入和采出，井内为双向气体流动，注入、采出的温度和压力不断变化，注采井的完井设计必须保证注采井工作安全，实现设计的注气和采气速度，获得尽可能长的免修期。

针对储气库全生命周期安全管控和科学高效管理开展智能储气库建设，着力科学管库、效益管库与安全管库等应用探索，提升储气库生产、安全、科研智能化管理水平。围绕"全业务、全时域、全生命周期"三个全面，针对地面建设、开发生产、安全环保等业务范围，打造地面—地下全透明管控、设备设施全生命周期管理、"两个现场"全过程监控等管控能力，建成以"全面感知、自动操控、趋势预测、智能优化、协同运营"为特征的新生态运营模式下的数字化储气库，打造数字化储气库示范性工程。

通过管理与技术协同提升，探索智能储气库运行新模式。（1）以生产高效协同、安全精准管控为核心，建立新型智能联动模式，横向联动上游配产和下游输配，纵向覆盖气藏—井筒—地面。（2）利用 IT 技术赋能，提升管理能力。开展井筒与地面管网、配产配注、安全管控等方面智能工作流建设，推进气藏、井筒、地面完整性方面的智能应用建设，促进气藏—井筒—地面一体化模型平台建设，推进配套基础设施建设及改造。

储气库数据中心的建设总体目标是：构建储气库一体化

协同工作环境，围绕储气库主要业务，推进井筒动态智能诊断、生产管网智能分析、智能配产配注、安全管控等智能工作流建设，构建具备"全面感知、自动操控、趋势预测、智能优化、协同运营"为特征的数字化储气库。建立一个综合的数据仓库，地理空间数据、勘察设计数据、施工数据、运营数据分别作为数据子库，经过处理、转换后统一存储在Oracle数据库中。地理空间数据（图形、图像数据）通过空间数据引擎对外提供数据读取服务，属性数据通过ODBC提供服务，有机地把两种数据集成起来，实现"多源一库、一库多用"。既能够保证数据统一存储，提高了安全性，又使同时获取图形数据、属性数据的效率大大提高。

（三）天然气销售利用业务与数字化转型

1. 天然气销售利用业务

天然气销售是一个涉及多个方面和策略的复杂过程，旨在满足市场需求、提高企业经济效益，并促进清洁能源的广泛应用。天然气营销策略的制定和实施对于促进其销售、提高市场占有率和满足社会需求具有重要意义。

天然气利用工程是一个综合性系统，由气源、输配、应用三部分组成。天然气终端配气系统是天然气利用系统的基础系统。它涉及配气站、配气管网、储气设施、调压站等4个方面。其主要业务和技术需求包括配气管网设计施工、配送与调配、配气地面工程、配气管网完整性工程等。除了天然气终端

第三章 档案数据要素赋能产业发展机理探索

配气系统对相应的技术需求外,不同的利用方式(城镇燃气、天然气发电、工业燃料、交通燃料等)对利用技术需求差异很大。天然气利用还有其他领域,如天然气化工,作为原料,用于合成氨、制氢等行业。

2. 销售利用业务数字化转型

天然气销售数字化是指利用先进的数字技术,实现销售信息化、数字化、智能化,提高销售业务的效率与服务水平,实现数字化与智能化的全面提升,满足人们日益增长的能源需求。销售业务数字化转型管理主要包括:(1)完善销售业务管理制度。根据销售业务数字化转型进展,同步修订市场销售、客户管理、终端市场管理等相关管理办法。(2)建立精准销售机制,实现天然气价值最大化。(3)全面连接和共享应用"产运储销"业务数据资源,实现市场需求量价预测、风险预警;实现销售规划、合同、项目批复、投产与基础台账数据在电子地图上可视化应用,满足资源与市场同平台、多维度图层动态展示和分析。(4)建立客户立体画像,大数据分析实施精准销售,为客户提供个性销售方案。

天然气利用业务数字化转型的核心是通过数字技术提升信息化、智能化水平,实现天然气利用业务的整体变革。(1)打造天然气利用企业级管理平台,实现经营平台、业务财务、项目建设和运营服务四个一体化。(2)打造天然气行业级综合服务平台。在天然气交易、信息交互、金融服务、节能服务、技术交流合作、设备采购等方面实现全利用行业的资源共享。（3）打造多流合一生态系统平台，实现利用企业的利益相关者共生、共创和共赢。（4）整合资源推进利用业务转型保障工作。利用业务转型的发展需要在技术能力和技术人才储备、销售观念、管理架构、应对监管等方面做好保障，才能有效推进转型工作的开展。

二、天然气产业链数据业务系统

（一）生产运行类数据业务系统

生产运行类数据业务系统指的是以气水井生产数据系统、管道生产管理系统、工程生产管理系统等为代表的数据业务系统。该类系统主要是对日常生产运行所产生的数据进行收集、汇总、审核、上报、综合统计查询，系统内的数据会在固定周期内稳定、持续地产生。这类数据主要用于历史分析，大多保存在关系型数据库中，数据量整体增幅不高且平稳。如管道生产管理系统，形成的数据以长输管网主要节点所产生的温度、压力、流量等抽样数据和各级生产与销售部门填报的管输与销售数据为主。而数据利用形式多以报表、图形展示为主，以当期或近期数据来进行对比或对未来数据走向与发展趋势进行分析。

（二）连续监测类数据业务系统

连续监测类数据业务系统是指以管道完整性管理系统、天然气生产物联网系统、工程技术物联网系统等为代表的数据业务系统。该类系统通过相关设备对实体环境和系统进行实时监控，数据形成特点是快速、实时、大量、连续、动态。一般情况下，该类系统数据存储在实时数据库中，或经过抽样保存在关系型历史数据库中，可视作随时间延续而无限增长的动态数据集合。因此，一般设置时间窗口，超过时间窗口的数据就不再保存，或抽样后进行定期的数据库备份及线下保存。连续监测类系统的数据利用形式以现场监控和后期趋势分析为主。

（三）经营管理类数据业务系统

经营管理类数据业务系统是指以物资采购管理系统、人力资源 ERP 系统、销售 ERP 系统等为代表的数据业务系统。具体业务包括：投资、财务会计、市场、科技、人力资源、企业文化、党建、经营信息等。系统内的业务数据通常需要同时依靠数据结构和系统展示逻辑方可使用，脱离业务系统进行使用较为困难，此外跨系统应用一般需要进行二次开发。例如（1）财务资产管理。在油气田企业建立核算账簿，各成员单位分别建立流水账簿，核算投资及折耗、收入等。（2）企地关系管理。油气田企业全面负责企地关系管理，组织协调企地关系，与相关单位联建，共享企地和谐发展成果。（3）廉政党建管理。油气田企业全面负责廉政党建管理，全面负责党建和党风廉政建设工作，分级负责管理人才培养和队伍建设。

(四) 综合管理类数据业务系统

综合管理类数据业务系统是指以电子公文系统、合同管理系统、投资管理系统、工程项目管理系统、科研管理系统等为代表的数据业务系统。该类系统数据形成特点是依据业务流程、规则产生，数据周期与业务周期相同，其中非结构化数据占比较大，主要包括企业的各种文档、报表、账单、网页、图片、扫描件，以及大量的音视频文件等。其发展目标是：构建"跨领域、跨地域、跨时域"协同办公体系，打造两级机关协同办公体系，统一制定协同办公制度和流程，打造一键式协同办公环境，建立数字规划、精益计划管理体系。

(五) 决策支持管理数据业务系统

决策支持管理数据业务系统指的是生产运行、技术创新、经营管理创新等决策支持业务数据系统。例如，西南油气田公司决策支持实现"数据共享+应用集成+辅助决策智能化"规划目标提出，到2030年完成数字化转型，实现数据共享、应用集成、AI分析，以及气藏、井筒、地面三维可视化应用；到2035年建成产运储销一体化协调联动体系，实现跨领域、跨区域、跨环节协作，以及智能分析、全局优化，有效支撑辅助决策。科研协同实现"大数据支撑+产学研结合+智能化管理"规划目标提出，到2030年，初步实现科技、生产资源共享、科研一体化协同管理；2035年完成数字化转型，初步建立智能化管理体系。

第三章 档案数据要素赋能产业发展机理探索

三、天然气产业档案业务链

(一) 收集与整理

收集与整理主要包括以下内容:(1)推动登记档案整合和集约化管理。档案管理部门有必要制定统一的档案整合方案,梳理和简化工作流程,制定交接程序,充分调动各个部门的工作热情和积极性,规范管理登记信息资源与数据,完善管理体系。(2)加强前端控制,资料灵活入库。在满足稳定连续的档案管理要求基础上,灵活变通,把握档案形式及内容变化的动态特征,实现二者的和谐统一。(3)落实档案入库工作。构建统一的登记信息管理平台,帮助管理人员掌握信息管理技术以及基础办公软件操作,熟练运用登记信息管理平台,实现登记档案的集约化管理。(4)梳理业务流程,统一档案登记规则和分类标准。统一档案的登记形式、优化档案编制,加大对档案资源的利用率,通过职工培训、广告宣传等途径,不断创新档案利用形式,为企业提供现代化档案服务。

(二) 储存与保管

档案集中管理以后,可能会出现"貌合神离"的现象,即形式上集中,实质上仍然维持原来的档案管理板块,各自为政。要从整体优化的指导思想和便于利用的工作原则出发,把档案在实体上构成一个统一的、科学合理的类别体系。同时,在集中全系统档案实体资源和电子信息资源的基础上,还要实现服务方式、服务手段的高度集中，并依托现代数字技术，完善档案信息资源推送服务方式，最大限度地发挥企业档案的积极作用。

（三）开发与利用

企业档案最重要的作用就是其利用价值，主要手段包括：创新企业档案管理的服务方式，加大企业信息资源的开发力度，强化企业的数字化建设，加强各区域企业的优化、整合和共享。与此同时，企业部门还应该及时运用大数据、信息系统以及云计算等技术资源，不断完善网络企业服务体系，并利用资源门户网站等各种平台，促使企业共享。（1）加快档案资源数字转型，建立以数字资源为主导的档案资源体系。（2）构建档案产品层次体系。主要包含档案编研产品、档案管理产品以及档案科研产品三个子层次体系。（3）增强档案资源开发力度，结合企业履职发展特色，开展档案编研，积极探索档案资源开发利用新模式，通过展览陈列、编研出版、新媒体传播、微视频制作等方式，打造档案文化精品。（4）强化档案资源建设，提升档案管理服务效果。档案管理最终要发挥资源共享、查询服务的职能，严格规范档案管理人员对档案的收集、整理、鉴定、保管以及利用等活动。实物档案采用二维码、物联网、电子密钥等技术，实现存储空间和库房定位科学自动化管理，完善信息数据共享机制，发挥集约化管理资源共享优势，为市场交易、调控、缴税、信贷、信用管理提供数据决策依据。

（四）档案销毁

档案的销毁是指对没有保存价值的不归档文件和保管期限已满无须继续保存的档案进行销毁处理，或将档案内容完全消除或毁灭的程序，常见的档案销毁方法有：信息销毁法、物理销毁法、数据擦除法、热处理法、物理破坏法等。（1）档案销毁必须按照国家规定档案销毁的标准，严格进行鉴定。（2）写出销毁档案内容分析报告，列出档案销毁清册。（3）必须严格执行审批制度，履行批准手续；应及时送造纸厂化为纸浆或焚毁，且要有两人监销。（4）销毁完毕，监销人要在销毁清册上写明某日已销毁并签名盖章，在相应的《案卷目录》《档案总登记簿》《案卷目录登记簿》上注明"已销毁"。

四、档案数字化发展态势与挑战

以构建产业档案体系为导向，以实现产业档案信息资源集中共享为目标，梳理明确产业档案管理体系构建基本思路，探索构建涉及档案资源数字化、业务流程数字化、管控模式数字化、利用服务数字化、管理能力数字化以及配套管理机制的产业档案管理整体架构，提出建设实施路径，以期为产业档案管理体系构建提供参考。

（一）档案数字化发展态势

1. 档案资源数字化

档案资源数字化是企业档案工作数字化转型的前提和基

础，可从以下三个方面入手。（1）企业业务线上化。企业档案形成于企业生产、经营和管理等各项业务活动，前端业务活动全流程电子化（数字化）是电子档案管理的前提条件。（2）业务数据档案化。档案化指按照档案管理要求对业务系统中的重要数据进行归档固化、关联整理和长久保存，确保其真实性、完整性、可靠性和安全性。通过业务数据档案化，建立真实、完整、可用、安全的企业级电子档案（数据）资源体系。（3）历史档案数字化。这里的数字化绝不仅仅是对历史档案进行扫描和著录，而是基于一定的业务场景，根据业务需求将历史档案内容数据化以提供知识服务。

2. 档案业务流程数字化

档案业务流程效率是企业档案管理效率的重要体现。档案业务流程数字化主要表现在由传统的阶段式、线性流程转变为集成式、融合式流程，档案业务活动由手工操作逐步实现自动化、网络化和智能化。（1）统一管理标准，确定好业务流程。（2）系统归档集成，以系统集成为手段实现业务系统数据的自动归档。（3）业务环节融合，将归档范围、分类方案、元数据、归档整理等要求前置并融合至前端业务环节，利用人工智能等技术实现智能化管理和实现业务流程优化。建立以电子档案（数据管理）收集整理和保存利用为主导的业务流程，提高流程效率。

3. 档案管控模式数字化

管控模式数字化主要表现在由单向的行政管控逐步转向

技术管控和协同治理。（1）建设数字档案管理平台。充分利用系统平台实现档案资源的整合和优化，实现档案业务监督指导、跟踪检查、考核评价、培训交流。（2）构建档案管控指标体系。对管控重要环节进行数据化和指标化，让管理透明、可见，从而提升过程管控的力度和粒度。（3）数据驱动管理决策。通过管理过程数据的汇集及统计分析，服务、支撑并逐步驱动管理决策，提高决策的科学性和时效性，实现从事后分析到实时决策的转变。

4. 档案利用服务数字化

利用服务是档案工作的根本宗旨。（1）档案利用数字化。提供"一站式"检索利用服务，满足远程、在线、移动需求，提供及时、有效、精准的档案利用服务。（2）档案产品数字化。通过数字技术建立各类专题档案库，汇集主题资源，开展数字编研、开发数字档案产品，增强档案资源对于业务、决策的支撑力度。（3）用户体验数字化。精准用户"画像"，密切沟通用户需求，对用户行为进行数据分析，开展个性化、多样化的利用服务，不断增强用户体验。

5. 档案管理能力数字化

企业档案工作数字化转型涉及档案管理模式的变革、数字化技术的应用，需要提升档案数字化管理能力。（1）打造敏捷组织，提高组织集约化管控能力。建立以档案数据为中心的多部门协同治理的平台化、扁平化组织，提高感知能力、反应速度和管理决策智能化水平。(2)组建数字团队，提高数字技术应用和场景拓展能力。培养既掌握前沿数字技术，又熟悉档案业务的人才，跟踪研究新技术在档案业务中的应用，找到最佳的切入点和时机并在企业实施，增强对新技术的应用能力和数字档案的管控能力。(3)培育档案数字文化，健全数字档案管理制度体系，提高数字意识和数字思维能力。

(四)数据要素发展面临的挑战

产业数字化转型仍处于早期阶段，特别是数据治理体系建设任重而道远正面临诸多挑战。(1)数据权属制度和数据资产管理需突破。目前，数据成为核心生产要素的政策法规亟待健全，国家地方法规条例陆续出台，具备可操作性的法规制度仍然缺位，数据权属、交易、监管法律亟待完善。(2)我国数据要素交易市场仍处于探索发展期，国家鼓励探索多种形式的数据交易模式，尽管国内已成立数十个大数据交易平台，但并未形成统一严格的交易标准体系，没有统一的数据交易平台和成熟的监管机制；受制于传统估值方法的诸多局限，数据资产难以在全国范围内的自由流通。(3)数据孤岛有待打破，数据应用场景亟待拓展和具体化。我国数据平台尚未统一，产业内和外数据孤岛化、成果难以继承和流转，数据价值有待进一步被合法合理地挖掘，数据质量参差不齐，应用场景拓展难度较大。例如，产业链中生产现场、调控中心以

第三章　档案数据要素赋能产业发展机理探索

及管理决策层无法支撑协同工作、复杂趋势分析与辅助决策等深化应用。

第二节　档案数据要素赋能方式

一、档案数据要素组合创新增值赋能

（一）基于产业链的数据要素组合创新增值赋能机制

对以数据生产为主业并从事多样化数据要素服务的主体来说，进行单一的数据要素交易就能实现其价值，通过数字技术的加持提升数据要素的经济价值和其在实体经济中的应用价值。在天然气产业经济增长方式转化与发展过程中，生产要素组合创新增值是通过生产要素，即土地、劳动力、资本、技术、数据（包括档案数据）等投入，通过生产要素结构改进、配置优化、价值开发、管理创新等方式，同时形成生产、技术、管理等数据决策产品赋能产业各个关键业务链，驱动清洁高效的天然气产品生产和产业链市场优化配置，并形成新的生产要素，推进天然气产业高质量发展目标实现，即保障国内外天然气供应安全、满足经济社会发展和民生需求、降低天然气供应和进口成本、持续完善基础设施体系建设、加快绿色能源协同开发利用、不断提高国内外市场化水平、提高科技创新和数字化管理水平、持续创新天然气产业政策体系等目标（图3-1）。

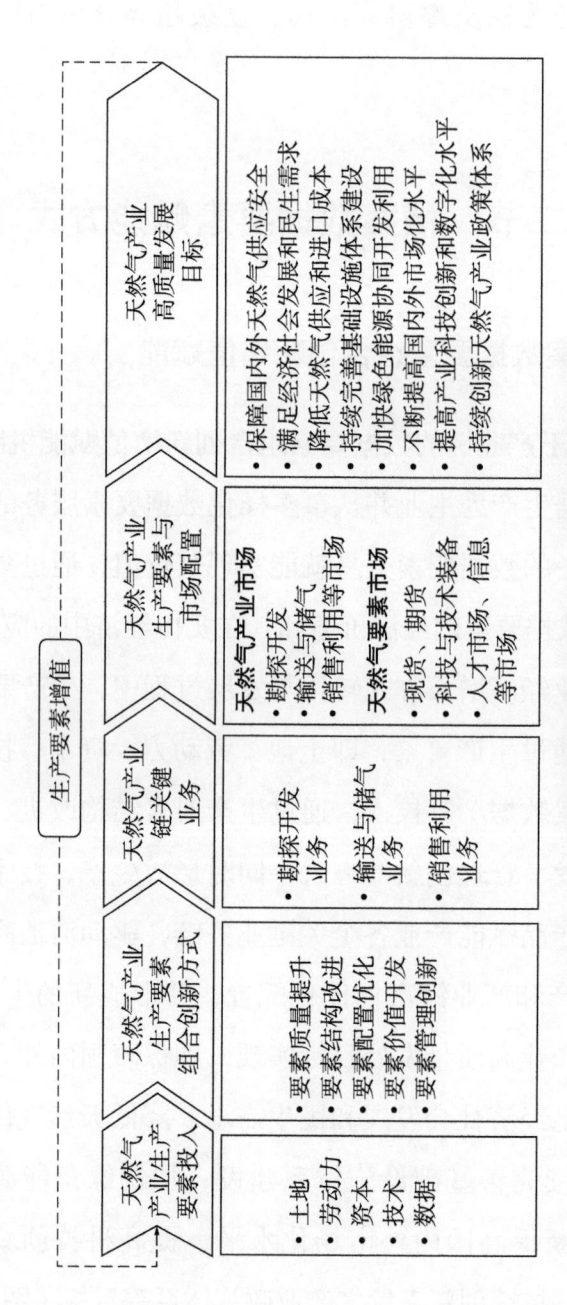

图 3-1 档案数据要素组合创新增值赋能机制示意图

（二）基于生产函数的数据要素与传统生产要素组合创新赋能机制

为了体现数据要素在传统生产要素（土地、劳动力、资本、技术）中的相互关系和作用机理，应用生产函数数学模型进行表征。

1. 生产要素组合创新增值机制的内涵

生产要素组合创新增值机制可以生产函数为依据进行表征。Griliches 的方法是将知识资本存量作为一个单独生产要素放到生产函数中，因而档案数据生产要素组合创新增值也可从柯布—道格拉斯生产函数进行解析，根据土地、劳动力、资本、技术生产要素投入情景（因数据要素包含其中），构造全生产要素的柯布—道格拉斯生产函数：

$$Y_t = AT_t^{\beta}G_t^{\alpha_1}L_t^{\alpha_2}K_t^{\alpha_3}e^{\mu} \quad (3-1)$$

式中　Y_t——总产出，亿元；

T_t——R&D 资本存量，亿元；

G_t——土地要素投入，亿元；

L_t——劳动力要素投入，万人；

K_t——资本要素投入，亿元；

A——常数；

μ——时间趋势。

2. 生产要素模型弹性系数的假设

生产函数中常数 A 和 T_t 中包含了技术和管理创新要素的贡献，而数据要素的贡献包含于 T_t、G_t、L_t、K_t、μ 等对总产出的贡献中。根据要素组合创新增值机制，设：D_T、D_K、D_L、D_e 分别为技术数据、土地数据、劳动力数据、资本数据、时间数据等数据要素的产出弹性系数，则技术、土地、劳动力、资本等要素组合创新产出弹性系数分别为：

$$\beta = D_T\beta_D,\ \alpha_1 = D_G\alpha_{1D},\ \alpha_2 = D_L\alpha_{2D},\ \alpha_3 = D_K\alpha_{3D},\ \mu = D_\mu\mu_D$$

根据（3-1）式有：

$$Y_t = A T_t^{D_T\beta_D} G_t^{D_G\alpha_{1D}} L_t^{D_L\alpha_{2D}} K_t^{D_K\alpha_{3D}} e^{D_\mu\mu_D} \qquad (3-2)$$

为了反映数据要素与其他生产要素的关系，以及对生产函数的贡献，假设：数据要素产出的平均弹性系数 $D \approx D_T \approx D_G \approx D_L \approx D_K \approx D_\mu$，有：

$$Y_t = A(T_t^{\beta_D} G_t^{\alpha_{1D}} L_t^{\alpha_{2D}} K_t^{\alpha_{3D}} e^{\mu_D})^D \qquad (3-3)$$

3. 基于数据要素赋能的新生产函数的意义

公式（3-3）反映了要素组合创新增值机制中数据要素对总产出贡献的经济数学模型。它体现出数据要素在经济增长中，对其他要素组合优化配置及其对总产出的价值贡献。

档案数据要素是产业链数据要素的重要构成之一，可以引入参数 Ψ 以表征档案数据要素的总体贡献程度，进而合规合理赋权分配档案数据要素对产业发展目标的贡献，以表征档案数据要素赋能产业高质量发展的价值。

第三章　档案数据要素赋能产业发展机理探索

二、档案数据业务价值链融合创新赋能

近年来，赋能理论不断催生出技术赋能、制度赋能、权力赋能等新的理论范式。数字化赋能的主要对象为企业，利用数字技术通过结构赋能、资源赋能促进企业转型与制造升级。数字化赋能不应单纯关注赋能对象个体与系统子元素，而应关注整体和系统。基于业务链协同创造价值的数据要素赋能实现机制的内涵是：数据要素（包含档案）业务链（数据要素形成、流通、使用等）为基础，与产业上中下游业务链和产业数据应用场景业务链协同推进产业高质量发展（图3-2）。

数据要素业务链包括数据生产与供应、流通与服务、需求与使用三大环节，也是数据赋能的关键业务流程。首先，数据生产与供应（数据形成）环节是数据业务链的上游，它与天然气产业上中下游业务链紧密互联，使其成为重要的原始数据生产与供应者，它决定数据生产和供应的基础规模和质量。其次，数据流通环节（从数据确权、定价、交易到服务），它是数据价值管理的关键业务流程。其主要受限于数据确权立法制度，数据场内交易趋势满足监管要求，有望带动场内交易量显著提升。在当下数据要素资源市场化配置机制不健全和不完善的环境下，天然气产业数据要素更多地体现在数据服务方面。第三，需求与使用环节是数据要素最终实现数据要素赋能的关键业务流程。天然气产业数据要素应用场景业务链与需求和使

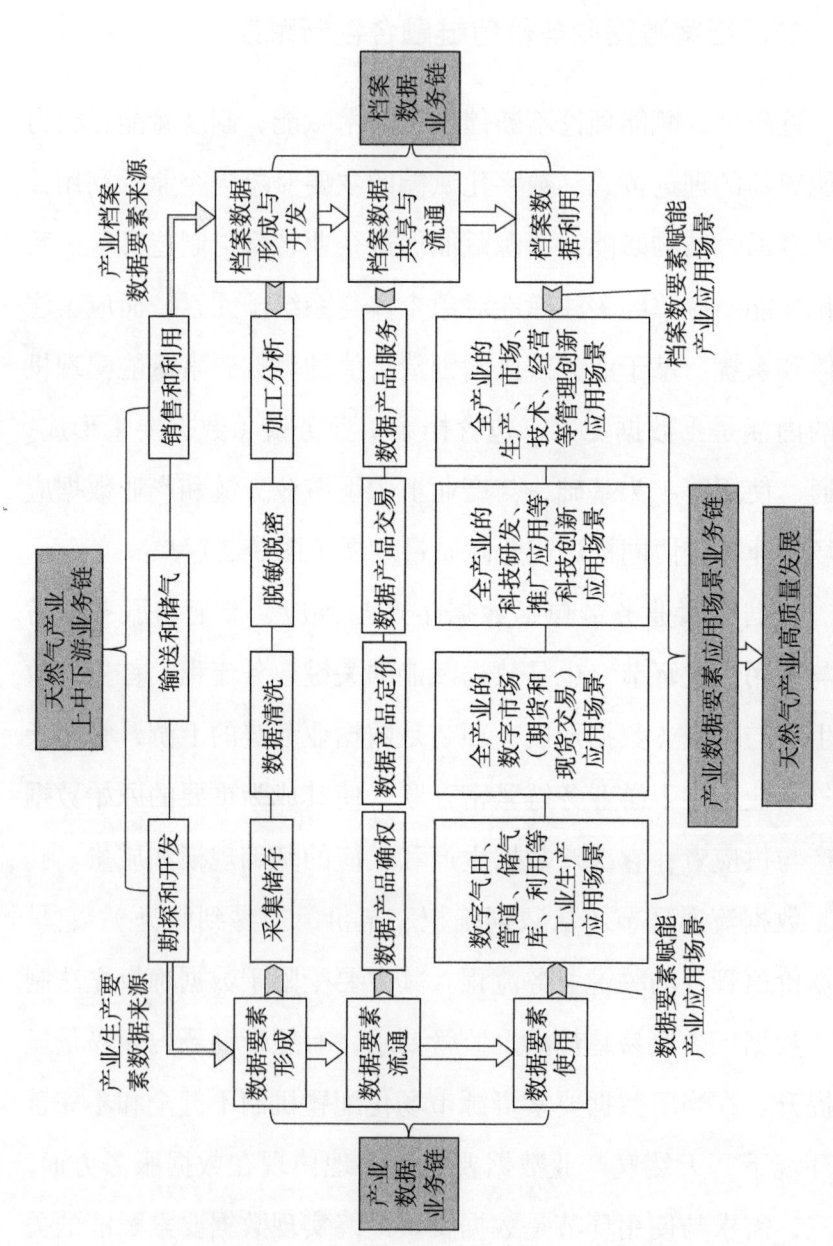

图 3-2 天然气产业档案数据业务价值链融合创新赋能机制示意图

用环节高度重合，是数据要素组合创新的主要受益者。数据需求与使用环节有望受益于 AI 浪潮，数据使用服务商融合 AI 技术，可提升服务能力和质量，有效赋能天然气产业应用场景提升数据使用效果。

（一）产业上中下游业务链

产业上中下游业务链是数据要素资源的主要供应者和数据产品的主要应用场景。上中下游业务链由天然气勘探开发、储运、销售利用业务链构成。主要包括三大类增值作业：（1）安全高效稳定保障天然气储量、产量、输量、储气量、销售利用量的生产作业，主要包括产业链的勘探开发、储运、利用工程，以及其基建工程、生产运行、物资、QHSE、生产信息化等业务。（2）技术作业，包括产业链的科学研究（基础性研究、应用研究）、试验发展（技术开发研究、试验开发）、科技成果推广应用等。（3）管理业务，包括产业链的投资、财务会计、市场、科技、人力资源、企业文化、党建、经营信息等管理核心业务。

（二）产业数据要素业务链

产业数据要素业务链主要包括数据要素形成、数据要素流通、数据要素使用三个主要业务流程，构成了数据要素价值实现的全过程。（1）数据要素形成包括采集、存储、清洗、脱敏、脱密、加工、分析等一系列过程。（2）数据要素流通是现代流通体系的重要组成，它是以数字技术创新为动力，以数据确权、定价、交易、服务为关键业务流程，以新业态、新模式为核心，以政策法规和制度、平台和模式、技术和标准为市场化配置要素，由流通方式、流通组织、流通载体、流通技术等连接起来的复杂系统。（3）数据要素使用是通过决策支持系统平台，形成的决策产品，应用到全产业链的工业、市场、科技、管理等应用场景的决策支持过程。而档案数据要素业务链是产业数据要素业务链重要组成，与其功能基本一致。档案业务链包括档案的接收、整理、鉴定、保管、统计、利用等业务。档案管理对象为实物档案和数字档案，在档案数字化转型中，积极推行实物档案信息化和形成数字孪生档案，最终实现档案工作全面数字化。因此，档案业务流程的核心工作是数字化过程，也是档案数据要素业务链形成过程，即档案数据要素业务链包括数据要素的形成与开发、共享与流通、利用与应用场景拓展。

（三）产业应用场景业务链

数据要素赋能产业应用场景业务链是实现数据要素价值增值与价值形态转化的主要途径。产业应用场景业务链包括全产业链的工业、市场、科技、管理等应用场景。（1）天然气产业的工业生产应用场景包括数字气田、数字管道、数字储气库等，具体涉及到生产管控数字化、工程建设数字化、协同支持数字化、风险管控数字化、产业链动态全景展示数字化等。（2）数字市场（期货和现货交易）应用场景。赋能

第三章 档案数据要素赋能产业发展机理探索

产运储销一体化全局优化,促进市场分析、客户画像、用气预测、销售分析、终端运营,促进产销联动、市场平衡、削峰填谷、市场资源分配等。(3)科技研发、推广应用等科技创新应用场景。围绕天然气增储上产、安全输送与储气、天然气利用技术创新等科技创新应用场景方面。例如,通过数字技术的进步能够有效改善研发工作环境,"数据禀赋+算力"进一步催生创新动力和创新方式,综合使用机理模型、大数据和 AR 技术,实现研发全过程模拟仿真,推进技术迭代。(4)生产、市场、技术、经营等管理创新应用场景。基于电子沙盘成果,依托生产管理、辅助决策、综合管理运行指挥系统,形成智能管控平台,实现对产业链业务运行、应急指挥一体化协同管控,实现企业运营流程的数字化和自动化。例如,在天然气产业中档案数据要素应用场景拓展方面,有天然气产业数字档案馆、天然气产业档案数字展览馆、天然气产业数据共享与决策支持中心、天然气产业企业文化与党建数据平台等。

三、档案数据决策产品转化应用赋能

现代产业经济价值创造都离不开产业战略规划、计划、项目等各类科学决策活动,主要依靠网络环境下智能决策支持系统支撑。因此,档案数据决策产品转化应用赋能应通过决策支持系统得以实现。在网络环境下,以智能决策支持系统为基础

平台，以产业空间地理信息为核心，集成的产业空间业务以及外部支撑的各类数据信息，把数据仓库、联机分析处理、数据挖掘、模型库、数据库及知识库结合起来形成的。它由决策数据资源层、决策运行保障层、决策产品开发层、决策产品应用层等构成（图3-3）。它体现了数据要素赋能产业发展的具体过程。

决策数据资源层与天然气产业数据生产与供应（数据形成）环节紧密联系，但其数据要素资源体系超越天然气产业链所生产和供应的原始数据集。决策运行保障层是数据决策产品转化应用的运维硬件系统，是高效运维的基础设施。决策产品开发层是数据决策产品开发的核心平台，决定了数据决策产品的质量和数据体量。决策产品应用层与天然气产业数据要素应用场景业务链或需求和使用环节高度融合。因此，档案数据决策产品转化应用有效赋能，得益于决策数据资源、决策产品开发、决策产品应用与决策运行保障四个系统的高效运行。

（一）决策数据资源层

决策数据资源层是为产业综合智能决策支持系统提供基础数据资源，是整个数据要素赋能的"油气资源"。它包括国内外宏观经济运行数据、国内外产业发展环境数据、产业链业务空间数据、数据流通价值链数据、应用场景业务链数据等数据体系。

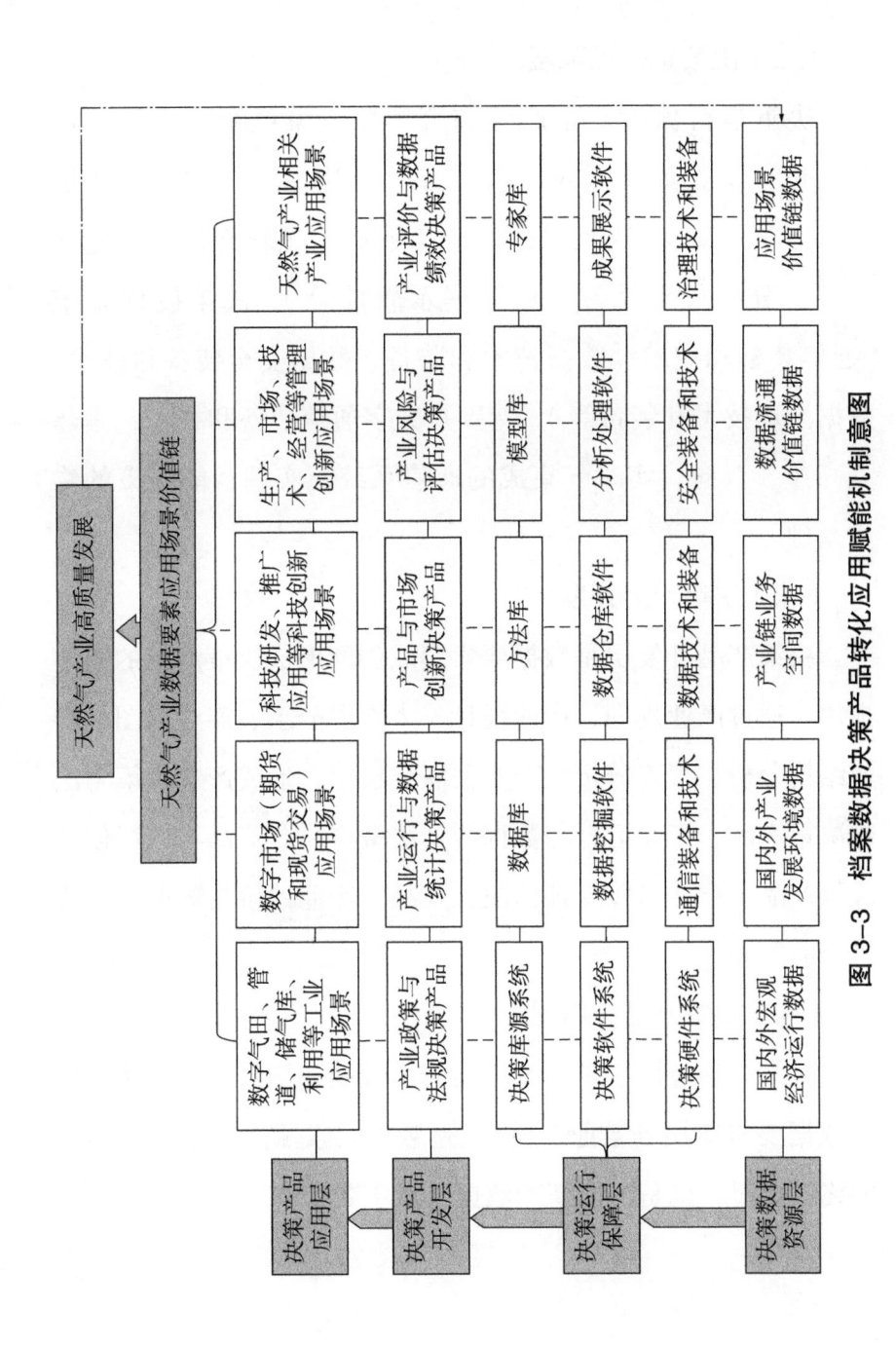

第三章　档案数据要素赋能产业发展机理探索

图 3-3　档案数据决策产品转化应用赋能机制意图

（二）决策运行保障层

决策运行保障层是产业综合智能决策系统运维核心部分，包括决策库源系统（数据库、方法库、模型库、知识库、专家库等）、决策软件系统（数据挖掘软件、数据仓库软件、分析处理软件、成果展示软件等）、决策硬件系统（通信装备和技术、数据技术和装备、数据安全装备和技术、数据治理技术和装备等）。特别是数字通信装备和技术，是建立高速、双向、实时、集成的通信系统，实现智能决策的物质基础。

（三）决策产品开发层

决策产品开发层是数据要素集成创新形成决策产品的业务板块。通过产业规划、产业统计、大数据分享、产业地图、产业结构分析、报表分析、产业关联分析等，形成产业政策与法规决策产品、产业运行与数据统计决策产品、产品与市场创新决策产品、产业风险与评估决策产品、产业评价与数据绩效决策产品等。

（四）决策产品应用层

决策产品应用层是决策产品应用领域和场景（即天然气产业数据要素应用场景业务链），是数据要素赋能产业价值实现的终极场所，也是形成新的数据要素主要场所。

第三章 档案数据要素赋能产业发展机理探索

第三节 档案数据要素赋能管控机制

一、档案数据要素赋能产业可持续发展机制

应用相关经济理论和实践成果，把可持续发展理论、绿色经济理论、循环经济理论，以及熵增原理、资源稀缺性原理、协同原理、生态经济原理等，作为构建天然气产业创新驱动系统的耦合模型（图3-4）。

（一）产业档案赋能系统

1. 数据业务价值链赋能

产业档案转化是一个复杂的系统工程，实质上是技术扩散和成果商品化的过程。以天然气产业为例，天然气产业档案转化问题的研究应从天然气经济、科技、社会、政治构成的整体系统出发，从研究开发—试验生产—商业化生产—市场交易整个转化过程着手，并以整体系统目标优化为对象进行研究。产业档案转化工作是由政府管理部门、研发机构、生产企业和技术市场等要素构成。

2. 数据交易链赋能

它是进行产业档案产业化和商品化的交易场所，是实现技术商品开发、流通、应用过程的平台。它可分为国外天然气技术引进市场、国内天然气技术转移市场和成果转化市场。产业

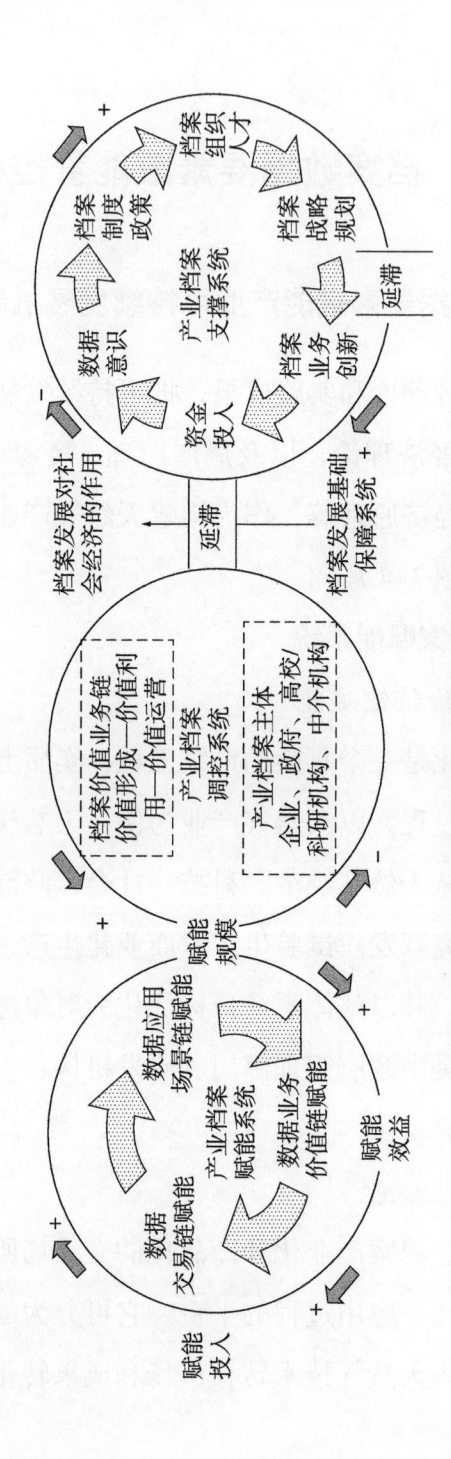

图 3-4 档案数据要素赋能产业可持续发展机制示意图

档案要充分发挥现实生产力作用，必须进入市场产业档案交易平台进行流通和配置。

3. 数据应用场景链赋能

对油气田企业而言，档案资源和服务对象涉及两个主要领域，一是勘探工程、开发工程，形成工程档案资源和服务对象。二是生产管理业务、经营管理业务，形成管理类档案资源和服务对象。

（二）产业档案调控系统

产业所属单位档案管理部门和推广应用部门，以及政府对产业档案的监管部门，调控子系统通过运用经济、行政等手段对产业档案转化过程进行引导、调控和组织管理的作用，具有领导、协调、参与、支持、规范、管理服务等多种职能。它包括产业档案管理体制、政策、资金、人才、物资等多方面，是产业档案顺利转化的保障。

从宏观调控分析，产业档案受政府调控，调控主体要创造宏观体制、机制、法规、政策、金融、税收、市场竞争等宏观环境。调控主体就是产业企业、各级政府、研究机构、中介机构，调控主体不到位，或者调控力度不够，都会影响产业档案赋能发展。将产业档案赋能主体，根据不同条件区分为执行主体、运行主体、调控主体，有利于把握全局的档案发展的动态过程，有利各方主导作用的发挥。主体可以转化，主体角色可以并行多重化，更有利于加强企业档案的主体地位。

（三）产业档案支撑系统

产业档案支撑系统包括：数据文化、档案制度政策、档案组织人才、档案战略规划、档案业务创新、资金投入等内容。

二、档案全生命周期业务流程管控机制

（一）全生命周期业务流程管理机制内涵

档案全生命周期管理是顶层设计、管理、技术、信息、制度的融合，是对全生命周期各要素的集成化管理，主要分为以下几个方面：

1. 将档案纳入企业信息化发展战略，构建档案整体发展规划

将档案建设纳入企业信息化发展总体方案中，并遵循其总体思路、基本原则、工作目标、主要内容等基本框架，借鉴已形成的相关经验和成果，构建档案整体发展规划。依托企业信息化基础设施配套，比如云存储、智能光环网、专业技术平台、智能终端、边缘计算、网络安全防护等，借助专业领域引入的云计算、大数据、物联网、移动互联网、人工智能、区块链、5G、北斗等新先进技术，推动档案库房智能化建设，围绕无人、少人条件下智能库房深度感知，操作步骤精准可靠、周边环境实时调控等能力提升，实现档案库房设备规范化、库房标准化、管理智能化。数字孪生作为新时代的十大技术前沿之一，升级完善现有档案系统（数字档案馆），着力数字档案资

源平台，实现档案业务标准化、资源数字化、应用智能化，将有力支撑专业领域的数据应用开发和借阅利用高水平服务。

2. 积极融合档案与前端业务，建立多部门共同参与协同治理机制

在数字档案馆建设中，档案管理职能的"前端控制"是助力前端业务工作实现数字转型的推手，精准把握和合理应用"前端控制"原则，有助于发挥档案部门应有作用，提升档案管理活动在天然气产业场景中的显示度。企业档案管理机构有必要关注和影响前端业务，介入档案数据的形成流转阶段，减少后端档案处理的工作量，促进文件与档案全周期管理的标准化。企业档案管理机构应该从全程观和整体观出发，对档案管理目标、要求和规范进行分析评估，把必须和可能提前到文件形成阶段实现或部分实现的文件控制或管理功能尽量在文件生命周期的前端实现。

3. 采取技术供给和管理融合的归档策略，打通各业务系统与档案管理的流程壁垒

随着信息化的不断发展，围绕天然气勘探、开发、生产运行、科研支持、经营管理等方面的信息化数字化建设取得了重要进展，建成了多个支撑天然气勘探开发跨专业、跨公司、跨部门的一体化协同工作信息平台。以西南油气田公司为例，勘探方面建设的信息系统和数据库有：物探数据库、测井数据库、处理解释成果数据库、勘探与生产技术数据管

理系统等；开发方面建设的信息系统和数据库有：采油与地面工程数据库、地面工程建设数据库等；科技方面管理系统有科研管理系统、专利软著申报系统等。而油气田企业核心档案资源有天然气勘探开发类、科学技术研究类、建设项目类，正分布于上述系统或数据库中，而这些系统与档案管理工作密不可分。

（二）全生命周期业务流程管理机制结构框架

档案全生命周期管理是运用档案全生命周期管理理念的新型档案管理方式，是对传统档案管理方式的发展。档案全生命周期管理需要业务管理部门主导，由档案管理部门牵头并协调其他部门共同介入来推动；需要通过数据共享、管理规范，特别是档案制度、管理机制等管理手段的创新变革来实施。在各类档案配置利用方式的管理中，天然气行业核心档案的全生命周期管理的内容最为丰富，是档案管理的重点和难点。档案全生命周期管理是一项多层次、多要素、全过程、全周期、系统性的管理活动（图3-5）。

在管理层次上，档案全生命周期管理可按业务类型由相应层级的管理主体实施。在管理过程结构上，由计划、组织、指挥、协同、控制等环节组成，各环节之间具有递进关系。在管理体系要素结构上，由信息数据、业务关系、管理行为、技术方法、政策制度等基本要素构成，各个要素相互联系、共同作用，形成档案全生命周期管理的基本框架。

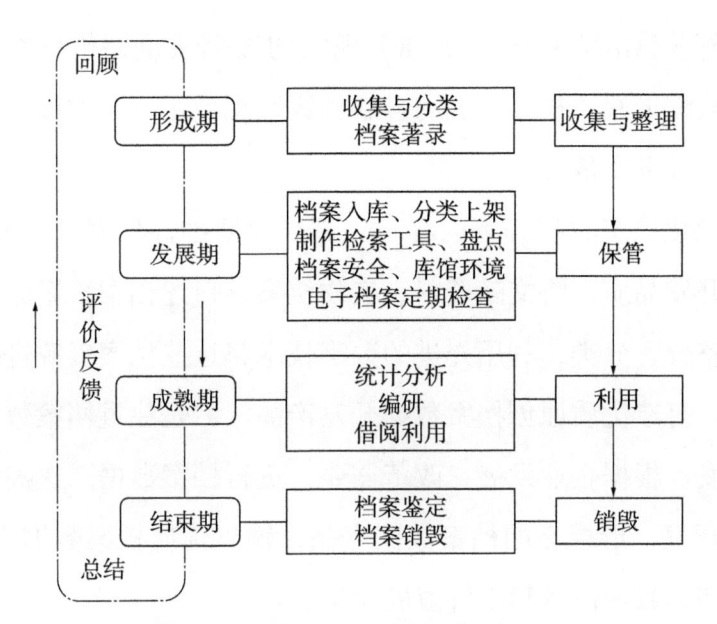

第三章 档案数据要素赋能产业发展机理探索

图 3-5 档案全生命周期管理框架图

在管理机制运行上，各项管理要素全过程作用于档案业务，不同管理客体具有差别化档案业务过程运行机制。在全周期监管上，通过各业务阶段事前、事中、事后监管，及时反馈调整纠偏，实现精准管控。档案全生命周期管理的核心在于充分发挥、优化调控管理各项基本要素的功能作用，以达到提升档案管理效能的目的。

三、档案数据资源开发和共享管控机制

（一）强化数字档案应用场景拓展

1. 档案数据开发

强化档案数据开发质量。按照《信息——技术数据质量评

价指标》（GB/T 36344—2018）规定的数据质量评价标准，从档案数据形式、档案数据内容和档案数据效用三个方面严把档案数据开发质量关。

优化档案数据开发内容。一是加大原创性档案数据开发。注重开发品质，将文献资料、实物档案、口述档案、影像档案进行整合、分类，利用先进的数字技术将这些档案资源进行数字化，打造优质原创档案数据开发产品。二是注重档案数据持续开发。根据企业发展、改革需要，进行档案数据二次甚至是三次开发，形成新的档案数据产品，输出优质档案数据内容，实现档案数据信息利用价值最大化。

拓宽档案数据开发手段。档案数字化治理下的档案数据开发手段要始终围绕数字、信息、智能技术应用。一是要完善档案信息管理系统，要借助先进的档案数据资源平台展示。二是推进档案数字化建设步伐。利用大数据、云计算、人工智能技术，加快推进存量档案数字化、增量档案信息化，做好档案数据开发。三是做好档案信息资源深度挖掘。以系统中档案数据为依托，运用知识图谱、数据深度挖掘等技术，在海量档案数据中进行数据分析，打造档案数据开发精品成果。

2. 档案数据利用

建立档案数据关联关系。通过数字技术、在线数据技术建立档案信息关联关系，打破数据壁垒，为档案数据信息利用奠定基础。探索利用 VR、AR、MR 先进技术，构建馆藏档案数

第三章 档案数据要素赋能产业发展机理探索

据信息知识图谱及可视化展示，利用算法技术将档案数据有效关联，基于档案智能问答等统计分析，实现档案数据精准推送。

鼓励档案数据主体利用。一方面，要完善一元主导。档案管理部门作为档案数据利用的主导，要主动承担起档案数据利用职责，发挥其应有职能，想方设法为业务部门提供优质高效档案数据利用服务。另一方面，要积极完善多元主体参与，发挥档案数据应有价值。可通过馆藏档案数据信息的宣传、档案编研成果的展示等，让公司员工知晓馆藏档案数据内容，吸引其主动走进档案馆、走近档案数据信息。

完善爱国主义教育基地功能。企业档案馆应申报创建省部级、国家级爱国主义教育示范基地。同时，通过陈列展览、新媒体传播、编研出版等方式，持续推出一批反映企业各单位、各业务领域改革发展的编研成果，讲好行业故事，弘扬行业精神，赓续行业光荣传统。

3. 档案资源丰富

加强档案资源质量管控。加强档案检索工具、全宗介绍、组织沿革、大事记、全宗卷编制工作，提升内容管理水平。统筹重大历史事件、重大活动、突发事件应对活动等档案专题数据库建设。进一步完善档案归档制度、部门整理（立卷）制度、内部档案移交制度，强化集中统一管理和日常监管。全面推行档案分类方案、文件材料归档范围、档案保管期限表三合一制度，规范建档工作。提升与企业主营业务密切相关事项档案的质量，更好服务和支撑企业治理现代。引导各业务部门和员工规范收集整理对企业有保存价值的各类档案。

整合企业红色档案资源。建成红色档案资源数据库，深入挖掘红色资源内在价值，做大做强企业红色档案资源品牌。高质量完成企业重点档案保护和开发项目，形成企业档案开发利用的规模效应。通过系列档案精品开发与传播，使档案馆成为工业文化新地标。积极参与产业开发利用优秀成果征集活动，展示推介企业优秀档案开发利用成果。加强重点档案抢救保护与开发。统筹重大历史事件、重大活动等档案专题数据库建设。

（二）档案资源集约化开发和共享管理内涵要义

以数据流作为生产组织和管理的核心要素，建立数据"采集—建模—分析—反馈—重新采集"应用生态，提升数据在本业务范围内和关联业务间的循环流动效率，使业务和业务链在数据的连续流动和正向循环中快速迭代、优化提升。（1）实施标准化管理。遵照"有效性、统一性、开放性、安全性、价值化"的全生命周期管理原则，规划数据全生命周期管理蓝图，建立健全数据全生命周期管理体系，优化企业数据管理办法和各类专业数据应用与运维管理实施细则。例如，建立天然气产业链中勘探、开发、管道、销售等专业的数据标准和数据治理长期机制，并与企业绩效考核规则挂钩，整体提升基础数据质量，进一步挖掘数据应用价值。（2）推进共享化应用。充分利用物联网、人工智能等数字化技术，提升作业现场数据实时采

第三章 档案数据要素赋能产业发展机理探索

集和边缘处理能力,开展多源数据协议打通和转换,加强全生命周期、全产业链过程数据采集。以区域数据湖和连环湖的搭建为抓手,改变企业数据共享管理的生态,对企业数据资产进行高效的集中管理,支持全产业链全业务链数据的逻辑统一、分布存储、互联互通,实现主湖和区域湖两级数据治理体系,助力档案业务迈向智能时代,提高后端大数据分析应用水平,最终推进智能化企业建设。(3)专业化建模。加快企业全局优化数据模型研发,探索构建行业知识库,基于梦想云区域湖中的数据,构建行业知识库,并通过知识获取、图谱化、数据挖掘和知识理解,实现知识建模。将企业数据进行知识化,利用知识图谱对数据湖数据进行建模、描述领域内的实体、概念及其关系,构建全局语义网络图,实现相关信息连通,提炼复杂业务模型,提供业务驱动、决策支撑的能力。加强与科研院校的联合创新创效,共同推动企业知识模型化和软件化发展,基于区域数据湖实现数据的结构化分析、系统化整理与抽象化提炼,实现数据的认知知识化、知识模型化、模型算法化、算法代码化、代码软件化。

档案信息化是档案事业为了适应信息社会的要求所做的及时调整,档案信息化要求数字技术体现在档案工作中的方方面面,从档案信息自动获取、智能加工、协助表达到进行信息服务等过程。档案信息化带来的数字化档案存储技术为企业档案的知识转化提供了基础,信息化的环境激活了企业档案的知识属性，打破了企业档案与被利用知识之间的壁垒，为企业档案信息创造了知识管理的环境支持。

因此，基于知识管理理论，结合企业构建的档案数据资源体系，利用数字技术和其他配套保障措施，优化资源配置，充分挖掘企业档案中的知识价值，整体向企业档案知识管理方向发展，凸显档案的显性价值和隐性价值，提升档案管理工作水平，使之成为企业再生产和知识创新的内驱力，提升企业核心竞争力。

（三）档案资源集约化开发和共享管控机制框架

按照档案资源集约化理念和实践要求，知识管理背景下档案资源集约化开发和共享管理框架应以全员管理、全程管理、全域管理为基本理念，从整体规划、总体管控、过程管理和价值实现等方面构建。按照这一思路，档案资源集约化开发和共享管理框架可以概括为"五域模型"，即规划域、控制域、过程域、技术域和价值域（图3-6）。

1. 规划域

规划域是基于国家、行业和公司业务发展战略、数据战略、信息化发展战略、档案事业发展战略等制定适合企业的档案开发共享计划和实施路径。通过顶层战略布局实现企业档案资源开发利用的统筹规划、配套设计、关联运行、整体发展，将有效推进企业档案工作的科学化、规范化、系统化、开放化。

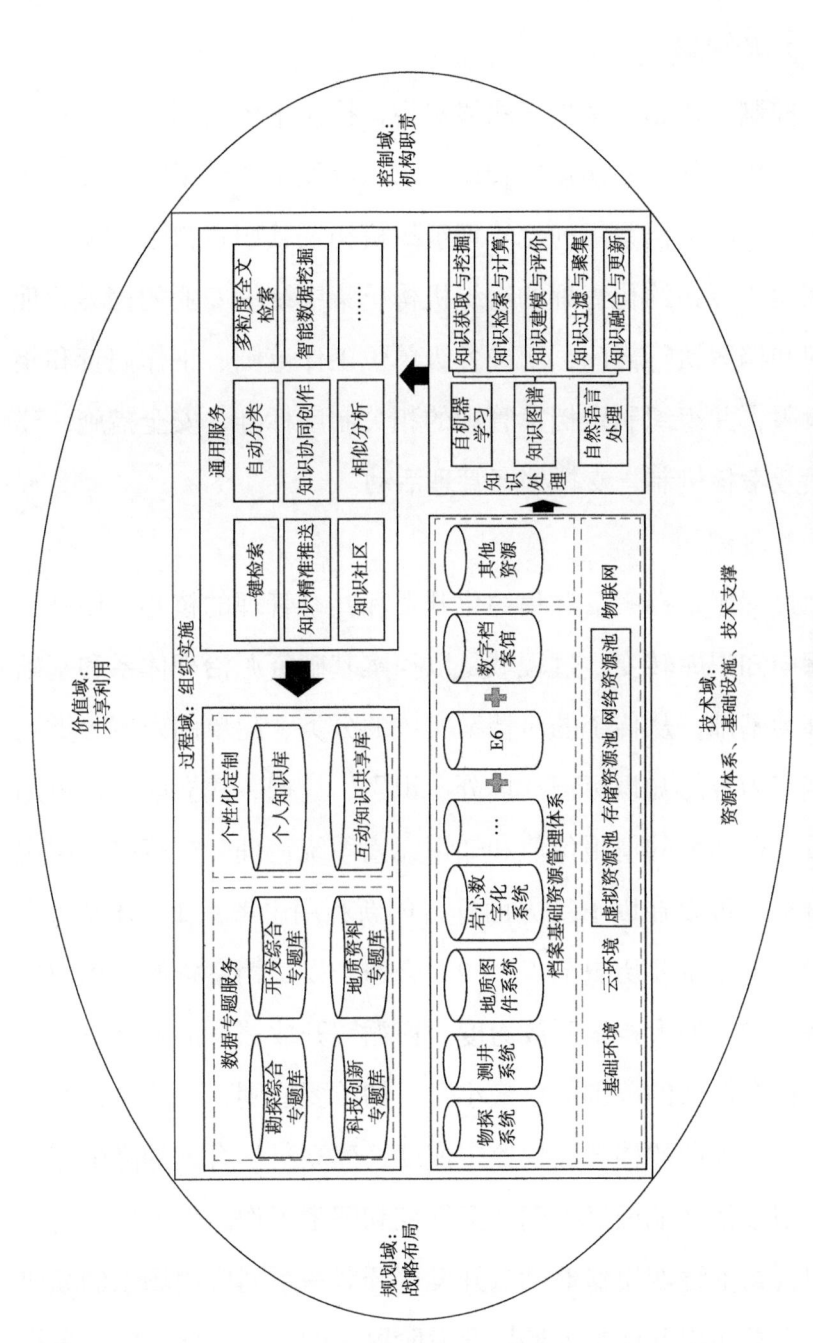

第三章 档案数据要素赋能产业发展机理探索

图 3-6 知识管理背景下档案资源集约化开发和共享管理框架图

2. 控制域

控制域遵循国家档案法律法规，按照集团公司档案工作专业化、集约化、一体化的管理要求，以及企业档案资源集约化模式下，明确档案集约化管理组织机构及其职责权限。设立适合档案资源集约化管理的组织机构，集中统一专业的档案管理部门和档案执行部门，明确各级单位工作范围、工作职责和相应权限，并组织制定档案管理的相关制度标准、安全措施，建立绩效考核机制，支撑档案管理活动。

3. 过程域

过程域是档案资源集约化开发和共享管理的核心，促进档案库向知识库转变。过程域是以档案基础资源治理体系和基础设施为基础，从传统的对档案实体的分类、简单的内容分类到对档案内容的知识标记、拆分、识别、挖掘、建立联系，更加注重企业档案的情报价值和知识元素系统梳理，进行多维层次的分类。可以在以下三方面进行创新利用思考：（1）开发历史档案，记录重要历史节点。（2）合作开发，档案资源利用内外共联。（3）加大档案开放力度。遵循"开放档案的范围应最大化，档案保密的范围应该最小化"的首要原则，加快档案开放进程，对到期的档案加快鉴定速度，建立科学合理的降解密制度，积极稳妥地做好到期档案划控和解密工作。例如，西南油气田公司围绕四川盆地勘探开发可开展一系列应用场景的编研工作，即四川盆地重大勘探开发阶段、四川盆地已开发气藏类型特征、龙王庙气藏勘探开发历程、四川盆地重点勘探开发层系特征、重点领域科技攻关成果、老专家人物传记等。

4. 技术域

技术域是过程域实现的支撑手段，主要内容包括资源体系、基础设施和技术支撑等配套技术。利用许多现代化的、符合知识管理的数据挖掘和检索等技术，设计通用性服务功能，扩大相关性连贯性检索，开展相似度分析，提供精准知识推送，更好地为相关部门、人员服务，进一步将档案资源整理成一批具有创新性的专题知识库和个性化资源库。

5. 价值域

价值域是知识管理背景下档案资源集约化开发和共享管理的最终目的，通过对档案资源集约化开发和共享，充分实现档案在利用、共享、资政、育人方面的价值。

第四章　档案数据要素赋能产业应用场景拓展

随着数字技术的飞速发展，移动互联网、物联网、区块链、大数据、云计算、人工智能和数字孪生技术的广泛应用，显著提升了档案管理的效率和智能化水平，档案领域正在经历前所未有的变革。本章重点分析和拓展天然气产业链档案数据应用场景，如天然气产业链档案数据中心、天然气工业数字化馆藏、天然气产业数字档案（展）馆等应用场景。为了保障数据要素赋能场景拓展工程实施，应强化三大保障工程建设，即档案数字智能改造工程、档案创新成果转化工程、档案生态环境建设工程。

第一节　数字技术在档案领域中的应用

数据的价值在于应用，发挥数据要素的倍增效应必须以应用场景为基础，运用大数据的理论、数字技术迭代拓展档案应

第四章　档案数据要素赋能产业应用场景拓展

用场景，如移动互联网、物联网技术、区块链技术、大数据技术、云计算、人工智能技术、分布式技术或分布式数据库、数字孪生技术等，探寻解决档案数据应用场景问题的方案与实践。

一、移动互联网和物联网技术

（一）移动互联网

移动互联网是 PC 互联网发展的必然产物，继承了移动随时、随地、随身和互联网开放、分享、互动的优势，将移动通信和互联网二者结合起来，成为一体。移动互联网是可同时提供话音、传真、数据、图像、多媒体等高品质电信服务的新一代开放的电信基础网络，它是互联网的技术、平台、商业模式和应用与移动通信技术结合并实践的活动的总称。

移动互联网相关技术总体上分成三大部分，分别是移动互联网终端技术、移动互联网通信技术和移动互联网应用技术。三者共同为移动互联网时代档案的数字化智能化应用提供技术支持，主要表现在为档案信息服务提供了创新和更加开放的平台。档案政策宣传教育、档案查询服务、档案成果展示、档案知识分享将通过微信公众号、微博、App 等移动平台实现掌上对接，受众面、时效性、交互性更大更强，档案的作用也从被动转入主动。

（二）物联网技术

物联网技术承担了物理世界数字化的前端采集与处理职能，

在场景端使用3D摄像头、全息传感器等感知设备，通过射频识别采集现实空间中的展品信息并形成数据信号，应用高速通信技术进行传输，为虚拟世界提供精准持续的数据供给；同时，它可借助智慧档案管理系统和虚实交互操作系统等对档案展览全过程进行管理，为数字万物链接及虚实共生提供技术保障。

利用物联网技术实现智慧档案的深度感知功能。首先，通过物联网等技术对档案实体实行电子标签化管理，全面覆盖档案馆的感知信息，这有利于实现档案馆工作的规范化管理，从而实现对信息的全面利用。其次，在档案馆建筑、档案馆内的一些设施安装相应的传感设备，通过物联网无线射频技术开展智慧型管理，使得没有生命和活力的档案馆主要设施变为一个具有感知功能的系统。

二、区块链技术和大数据技术

（一）区块链技术

区块链是一种分布式数据库技术，以"块"为单位，将链式链接的数据实现去中心化、不可篡改和安全共享。例如，产业数据权益保护技术。面向产业各类场景，发展产业数字化的权益保护技术，从数字确权、登记管控、侵权监测、追踪溯源、商品防伪等方面，发展多维度的数字权益保护、侵权发现、追踪追责的新技术与新方法。区块链主要分为公链、联盟链和私有链三种类型。

第四章　档案数据要素赋能产业应用场景拓展

区块链技术是数字化档案展览的安全保障。其通过借助非对称加密技术，利用公钥和私钥对数字资源进行动态加密保护，为数字化档案提供安全可靠的展览环境。此外，还可以运用NFT对档案展览资源进行确权认证，提供实时性溯源，避免展览过程中出现剽窃或复制等不端行为，保护展览档案内容的产权。

（二）**大数据技术**

大数据技术是数据采集、数据预处理、数据储存、数据分析、数据应用等多种技术有机整合而成的系统化、一体化技术手段，不仅可处理数据量较大，而且可处理数据类型丰富，因此具有非常出色的数据处理能力及效率。

大数据和数字化存在紧密联系，档案管理工作人员在应用大数据技术时，需要加强对档案的数字化建设，通过建立数字档案馆，提升档案管理工作效率。（1）运用大数据技术实现智慧档案的资源整合。大数据具有数据总量大、数据种类多、价值密度低、处理速度快等特征，给人类社会带来了巨大的变革。档案馆储存了海量的档案，存在种类增加、档案的利用与挖掘价值降低等问题。智慧档案在大数据的运用上格外出色，利用大数据对档案库房内的数据进行选择、转换、提取，重新构建数据库，给数据挖掘提供信息的来源，实现各类档案数据在智慧档案一体化平台中的共享，通过建设统一的一体化平台，给档案利用者和管理者提供"一站式"公共服务；（2）应

111

用大数据技术提升档案管理工作效率。在大数据技术支持下，能够实现档案云存储。这种新型的档案存储方式，能够更好地保障数据的完整性，同时在使用方面也更为便捷，为电子档案的管理工作创造了良好环境；(3)产业数据文化智能理解与分析技术。针对产业数据文化内容，开展基于语言表示学习的理论和方法研究，利用人工智能理论与方法，构建可解释和可信赖的自然语言处理模型，发展产业数字化内容的理解与分析方法。

三、云计算和分布式数据库

（一）云计算

随着产业数字化转型的纵深演进与云计算市场的创新发展，公共云与私有云的混合使用被越来越多的企业采纳。混合云作为一种新型的IT构架，整合和集成了多种模式云资源的云服务方式，可以实现多云协同、云上云下协同等作业方式，具备为多种数据应用提供场景支撑的能力。目前，混合云已经成为各行各业实现渐进式数字化转型的首选方式。作为实现数字化转型的主要手段之一，混合云将伴随产业数字化转型的持续深入而不断发展。

云计算技术在档案管理中的应用包括以下几个方面：(1)档案存储。云计算技术使得档案能够以远程存储的形式保存在云端，取代了传统的本地存储方式，档案不再受限于物理

第四章 档案数据要素赋能产业应用场景拓展

存储媒介的容量和可靠性，可以随时随地通过互联网访问和管理；（2）档案共享。云计算技术提供了便捷的共享方式，使得多个用户可以同时访问和编辑同一份档案。通过云端共享，不再需要传统的纸质档案或邮件的方式来传递和共享档案，大大提高了工作效率；（3）档案备份和恢复。云计算技术提供了可靠的备份和恢复机制，确保档案的安全性和可用性。通过定期将档案备份到云端，即使在本地存储设备发生故障或灾难时，档案也能够迅速恢复；（4）数据安全与权限管理。云计算技术提供了高级的数据安全措施和权限管理功能，可以对档案进行加密、访问控制和审计等操作，确保档案不被未授权人员访问和篡改；（5）档案检索和检查。云计算技术提供了强大的搜索和检索功能，使得用户可以通过关键词快速定位到需要的档案。同时，云计算技术还可以对档案进行自动化的审计和检查，提高档案管理的准确性和效率。

（二）分布式数据库

分布式数据库在使用上可视为一个完整的数据库，而实际上它是分布在地理分散的各个节点之上的。数据库作为数据存取、管理和应用的核心工具，决定了数据运行处理的高效性。在数字经济的背景下，各个行业的业务迅猛发展，分布式数据库正在崛起，或将成为企业数字化转型进程中的优选项。

分布式档案数据库系统就是以档案馆（室）档案数字化成果为基础建立数据库，并将其作为分布式档案数据库系统中的

113

子数据库,通过计算机网络将各子数据库在逻辑上连接形成庞大的数据库。各档案馆(室)的人力资源也通过计算机网络互相连接,促进"死"的档案资源与"活"的人力资源的有机结合。

四、人工智能和数字孪生技术

(一)人工智能技术

人工智能是计算机科学领域的一个分支,旨在使计算机系统具备智能行为的能力。AI系统能够模仿人类智能,包括感知、理解、学习、决策和交互。在数字孪生中,人工智能可以用于分析数字孪生系统中收集的数据,提取有用的信息,自动化决策和优化过程。例如,在智能工厂的数字孪生中,AI可以监控设备状态,预测故障,甚至自动调整生产参数。

人工智能技术是数字中档案展览的驱动引擎,其依托强大算力和智能算法对用户数据、档案资源数据、传感数据等各类基础数据进行处理,为优化档案展览中的虚拟体验、交互方式和内容生产提供技术理论和应用框架。具体来说,可通过自然语言处理观众与展览场景之间的交流,在增强实时沟通效率的同时弱化场景中虚拟展品、虚拟数字人的机器属性;通过机器学习和多模态融合,对数字化档案信息资源进行深度挖掘,深化展览主题。

(二)数字孪生技术

数字孪生是一种数字化的模拟技术,它通过复制现实世界中的物理实体、过程或系统,以数字形式创建其虚拟副本。数字

第四章 档案数据要素赋能产业应用场景拓展

孪生作为连接实体空间与数字空间的一种高保真技术，具有模型设计、数据采集、分析预测、模拟仿真等优势，该技术已经成为数字化转型的重要支点。利用数字孪生技术可打造出映射物理空间的虚拟世界，实现物理实体与数字虚体之间的数据双向动态交互。同时依据赛博空间的变化及时调整生产工艺、优化生产参数，得到包括优化、预测、仿真、监控、分析等功能的输出。

数字孪生技术在数字档案馆、数字化馆藏、数字化展览等方面都有着广泛的应用。（1）数字孪生技术在虚拟空间和物理空间之间无缝衔接，并且对具体档案资源进行全生命周期管理，及时导出相关孪生数据，建立与之对应的信息获取和采集机制；（2）数字孪生技术还可以为档案馆提供数字化保护，实现对文物、图书、文件等进行虚拟修复和保护，使得这些文物、图书、文件等可以在虚拟环境中得到更好的保护和维护；（3）数字孪生技术是数字中档案展览场景搭建的核心。基于3D建模、实时渲染等技术，数字孪生技术立体整合物联网动态感知数据，并通过实时空间映射使其以孪生形式在数字中重构展览场景，建立物理世界和虚拟世界之间实时、动态、全面的联系，为搭建各种场景和生产数字内容提供技术支撑，降低虚拟世界中的创造门槛，提高观众参与创作的积极性。总之，数字孪生技术可以为数字档案馆、数字化馆藏、数字化展览等方面提供强大的支持，也可以为档案馆提供数字化保护。通过数字孪生技术，档案馆还可以更好地实现文化遗产数字化保护与传承的目标，为公众提供更加直观、丰富、深入的文化体验和服务。

第二节 天然气产业链档案数据应用场景

一、天然气产业档案数据中心

（一）天然气勘探开发档案数据分中心

以档案数据流作为天然气勘探开发组织和管理的核心要素，建立档案数据"采集—建模—分析—反馈—重新采集"应用场景生态，提升档案数据在勘探开发业务范围内和关联业务间的循环流动效率，使勘探开发业务和档案业务链在数据的连续流动和正向循环中快速迭代、优化提升。天然气勘探开发档案数据分中心建设路径主要包括档案数据标准化管理、共享化应用和专业化建模三方面。

1. 档案数据标准化管理

遵照"有效性、统一性、开放性、安全性、价值化"的数据全生命周期管理原则，规划档案数据全生命周期管理蓝图，建立健全档案数据全生命周期管理体系，优化勘探开发数据管理办法和勘探开发各类专业数据应用与运维管理实施细则。例如，建立天然气产业链勘探、开发、销售等十个专业的档案数据标准和数据治理长期机制，并与产业企业绩效考核规则挂钩，整体提升档案基础数据质量，进一步挖掘数据应用价值。

2. 共享化应用

充分利用物联网、人工智能等数字化技术，提升勘探开发档案数据实时采集和边缘处理能力，开展多源数据协议打通和转换，加强全生命周期、全产业链过程档案数据采集。例如，以区域数据湖和连环湖的搭建为抓手，改变档案数据共享管理的生态，对档案数据资产进行高效的集中管理，支持天然气产业链档案数据的逻辑统一、分布存储、互联互通，实现主湖和区域湖两级档案数据治理体系，助力天然气产业大数据迈向智能时代，提高后端大数据分析应用水平，最终推进产业企业数字化转型。

3. 专业化建模

加快产业企业全局优化数据模型研发，基于梦想云区域湖中的数据，并通过知识获取、图谱化、数据挖掘和知识理解，探索构建勘探开发档案知识库，利用知识图谱对数据湖数据进行建模、描述领域内的实体、概念及其关系，构建全局语义网络图，实现相关信息连通，提炼复杂业务模型，提供业务驱动、决策支撑的能力。加强与科研院校的联合创新创效，共同推动产业档案知识模型化和软件化发展，基于区域数据湖实现数据的结构化分析、系统化整理与抽象化提炼，实现数据的认知知识化、知识模型化、模型算法化、算法代码化、代码软件化。

(二) 天然气储运档案数据分中心

1. 管道档案数据中心

天然气数字管道数据中心：充分利用现有的计算机网络技

术、地理信息系统（GIS）、数据仓库、数据挖掘、数据库分布式计算技术、数据集成、数据交换等技术构建安全、稳定、高效、高性能、跨平台、跨系统、跨应用、跨部门的面向服务的分布式数据共享、交换平台，并支持其它应用系统来输入、输出、应用数据，实现管道业务数据资源的共享，达到业务的可配置和管理系统的可重用、可扩展。数据中心建成后成为用户系统的数据核心平台，将支撑众多业务系统的日常运行。由于业务系统的上线运行是一个渐进的过程，因此，总体设计时系统的可扩展性和投资保护十分重要。虽然三层/多层结构提供了系统扩展上的灵活性，但是在硬件方案设计上依然需要注意扩展的需求。

因此，管道档案数据分中心应实现以下目标：（1）构建一个先进的SAN存储网，实现管道档案数据的集中管理；（2）构建一个可扩展的跨平台存储系统，为以后日与俱增的管道档案数据进行安全存储；（3）构建一个更安全、更易维护的数据备份系统，避免系统数据因人为误操作、病毒入侵、黑客攻击、自然灾害等造成管道档案数据丢失，同时为未来远程数据容灾备份建设打下基础；（4）构建一个更为高效、快速的管道档案综合数据应用平台，为管道档案数据在设备管理、抢维修、完整性管理、HSE、ERP等应用场景提供接口，满足不断增长的管道档案数据需求。

2. 储气库档案数据中心

构建储气库一体化协同工作环境，围绕储气库主要业务，推进井筒动态智能诊断、生产管网智能分析、智能配产配注、安全管控等智能工作流建设，构建具备全面感知、自动操控、趋势预测、智能优化、协同运营为特征的数字化储气库。

储气库档案数据分中心应实现以下目标：建立一个综合的储气库档案数据仓库，地理空间数据、勘察设计数据、施工数据、运营数据分别作为储气库档案数据子库，经过处理、转换后统一地存储在 Oracle 数据库中。地理空间数据（图形、图像数据）通过空间数据引擎对外提供数据读取服务，属性数据通过 ODBC 提供服务，有机地把两种数据集成起来，实现"多源一库、一库多用"。既能够保证数据统一存储，提高了安全性，又使同时获取图形数据、属性数据的效率大大提高。

二、天然气工业数字化馆藏

（一）数字化馆藏概念与特征

数字化馆藏是指将博物馆、图书馆、档案馆等机构内的馆藏文物、图书、文件等进行数字化处理，以便于管理、保护和传播。通过数字孪生技术，可以将馆藏文物、图书、文件等进行数字化建模，形成数字孪生，并以三维的方式呈现出来。数字孪生技术还可以实现对馆藏文物、图书、文件等进行虚拟展示，使得人们可以在虚拟环境中进行参观和观察，也可以实现对馆藏文物、图书、文件等进行虚拟还原，帮助人们更加直观地了解其历史背景和文化内涵。

（二）天然气工业数字化馆藏建设

按照天然气工业发展历史和未来发展态势，加强现代工业数字化馆藏要素顶层设计，建立适应数字技术发展的天然气工业数字化馆藏。加强对各类重大政治纪念活动、重大产业活动、重大科技创新服务活动、重大文化活动等档案工作指导。建立天然气工业数字化馆藏所需档案数据库，确保天然气工业形成的档案齐全完整、整理规范、及时移交。对进馆的重大活动纸质档案随接收随扫描，实现档案目录与数字化副本的精准挂接，建立符合统一规范的天然气工业专题数据库，将进馆的重大活动音频类、视频类、数码照片类等电子档案及时导入数据库，并确保来源可靠、程序规范、要素合规。

三、天然气产业数字档案（展）馆场景

（一）数字档案馆概念与特征

天然气产业数字档案馆是一个涉及天然气全产业链档案数字化的存储库。这些档案通常以数字格式存储，可以通过浏览器访问。空间虚实相融建设、数字资源资产管理与服务、用户交互和参与、人文生态社区组织等四个部分相互关联、相互促进，共同构成了天然气产业数字档案馆，为档案数据用户提供更加便捷、丰富和沉浸式的阅读体验，为档案馆提供了拓展服务能级和产业企业社区建设的新渠道，是档案馆发展数字化服

第四章　档案数据要素赋能产业应用场景拓展

务和创新服务模式的重要手段和途径。数字档案馆的建设常常需要大量的时间、资金和人力资源,但数字孪生技术可以为数字档案馆的建设提供强大的支持。

主要特征:(1)档案用户与档案信息资源交互。档案用户与档案信息资源交互体验服务主要体现在用户的查档利用、历史场景中的用户互动体验两个方面;(2)个性化应用服务体验。档案馆可采用混合现实技术,通过感知用户位置,为用户提供多维时空的个性化交互体验;(3)自助获取服务体验。开放自助获取倡导的理念是免费开放,通过网络为每一位需求者提供迅速、无障碍和高效率的各学科和领域的信息资源。

其中,数字孪生技术可以将档案馆的物理实体进行数字化建模,使其变得更加易于管理和维护。数字孪生技术还可以实现对档案馆内的各种文献、图书、文件等信息进行数字化存储和管理,根据不同的需求,数字孪生可以呈现出原物的形态、颜色、质感、材质等细节,这些信息可以通过数字档案馆进行在线浏览和搜索,方便用户查找和使用。在这样的数字孪生档案馆中,空间上用户可以身临其境地参观档案馆,并打破时间上的局限性,随时随地地了解档案馆布局、书籍位置等;服务上用户可以线上参与同等服务,如通过虚拟会议室、虚拟讲座、虚拟演播厅观看演讲、讲座,并能够与线下参与者进行互动、研讨和交流。

（二）数字档案馆建设方式

通过加大经费投入、政策保障、专业指导等方式，大力推动天然气产业数字档案馆建设，将数字档案馆建设与新馆建设一体设计、一并推进，实现数字档案馆建设与实体档案馆建设同步规划、同步实施，确保档案管理基础设施与业务建设高质量融合发展。（1）空间虚实相融建设。建设虚实相融的数字档案馆空间，为数字档案馆服务提供空间支撑，是数字档案馆的表现形态；（2）数字资源资产管理与服务。为用户提供全面、深入、安全、合规的资源服务，是数字档案馆的核心服务内容；（3）用户交互和参与。数字档案馆中的用户从角色上分为档案馆员及读者两大类，用户的交互和参与将数字档案馆建设成为一个更加丰富和充满创意的世界，是数字档案馆的生命力；（4）人文生态社区组织。档案馆生态建设则旨在为读者提供更为平等、广阔的服务，多馆、跨界机构之间相互协作，从而实现资源共享和协同发展。

（三）数字档案馆服务方式

数字档案馆服务方式包括以下3个方面：（1）交互式服务体验，如用户的查档利用、历史场景中的用户互动体验，档案用户与档案用户间的交互。交互式服务体验以用户需求为根本目标，而用户需求又取决于其认知语境。若掌握了用户需求，就可为用户提供更好的交互式服务体验。在交互过程中，用户可提供知识创新，这也正符合数字UGC的理念。用户交互式

第四章 档案数据要素赋能产业应用场景拓展

体验最终会成为档案馆服务的核心特征之一,数字档案馆为用户构造了一个全新的虚拟世界;(2)个性化应用服务体验。传统的档案馆服务模式,大都是围绕档案收集、整理、鉴定、保管、统计、提供利用等工作展开,为用户提供档案的咨询、查询、借阅等服务。在数字档案馆中不再只是简单地将档案收集形成数据储存,而是要需要运用技术对数字档案馆的档案资源进行深入的数据分析、数据整理、数据关联和数据挖掘,为用户提供个性化应用服务。档案馆可采用混合现实技术,通过感知用户位置,为用户提供多维时空的个性化交互体验;(3)自助获取服务体验。开放自助获取倡导的理念是免费开放,通过网络为每一位需求者提供迅速、无障碍和高效率的各学科和领域的信息资源。

总之,档案馆要丰富馆藏,利用数字化技术办好展览,进行线上、线下互动,同时还要协调产业链企业部门做好展览的整体规划与顶层设计,在企业规划设计上将档案馆展览作为重点项目列入,强化资金支持,立足档案馆收藏优势,强化数据库建设,重视档案馆藏数字化资料征集建设,逐步实现传统博物馆、档案馆资料电子化。同时,要加强技术保障与支持,推动虚拟现实与新一代人工智能科技的发展,利用数码展示、文物扫描、建模等手段,不断创新宣传方式,使参观者能够越过时空壁垒,"沉浸式"进入,提升受众的参与性,发挥档案的历史价值传承作用。

（四）数字档案馆虚拟展览

虚拟档案展览不是对现实档案资源的简单复制，而是在数字技术驱动下对物理展览空间进行动态复刻和虚拟移情，重构超越现实档案资源的虚拟展览场景。（1）创作档案原生化内容。利用新媒体影像技术对档案进行数字化描述，以档案展览主题传达为导向，整合多源异构档案数据，通过挖掘技术，建立新的档案内容线索和逻辑，以"虚拟空间+数字角色+时间线"的叙事组合真实再现档案历史事件，创作深入人心的档案展览内容。档案虚拟展览空间承载的视觉设计和交互体验也要服务于档案内容和主题传达，以形成直抵受众内心的虚拟展览场景；（2）搭建档案孪生映射空间。通过高精度数据传感器采集现实档案展览环境的数据，依托档案数据集成、三维可视化、高实时交互等技术在虚拟空间完成展览空间的实时映射；（3）打通虚实场景，提升多维档案展览体验。在数字中，虚拟和现实档案展览场景相互渗透、映射，最终形成虚实融生的档案展览场景。可穿戴设备将技术嵌入观众身体，脑机接口将观众在现实世界的知识、记忆带入虚拟世界，使其现实真身、虚拟化身在认知情感和交互体验上相通，获得身临其境的共同参与感。观众由观看档案展览过渡至深度参与档案展览内容建设，进而引发情感共鸣，产生全新的认知，实现数字中物理世界和精神世界的档案展览体验和谐统一。

第四章　档案数据要素赋能产业应用场景拓展

第三节　数据要素赋能场景拓展保障工程

一、档案数字智能改造工程

（一）加快数字技术应用和平台建设，促进档案资源数字转型

1. 加强新一代数字技术应用

《"十四五"全国档案事业发展规划》明确提出，"积极探索知识管理、人工智能、数字人文等技术在档案信息深层加工和利用中的应用"。加强 AI+ 档案技术应用。综合利用智能分类模型、文字处理技术、模式识别技术等手段，对档案管理工作的任务和流程进行程式化的改造，形成自动化、一体化的机器操作模式，推动工作增速提质。以区块链技术推动多跨共享平台建设。构建基于区块链联盟的档案信息资源共享模式，通过组建区域档案馆联盟链，获得链上出证、在线验证等功能，为利用者提供"一站式"服务；进一步保证档案在共享利用中的安全性、不可篡改性。创新服务方式，构建公司档案信息资源共建共享新格局，提供更加便捷、更高质量的档案服务。

2. 推进档案数字资源共享平台建设

培养多维度共享服务理念。积极适应互联网大环境，学习互联网的运营思维。定期聘请专家对员工进行新技术培训，主

125

动进行创新性改革，营造创新、共享的新思维。以共享发展理念为基点，抓住大数据发展新机遇，推进软硬件设施的转型升级。从业人员要秉承服务至上的理念，优化服务水平和专业知识，形成"互联网+"模式下的档案资源共享平台。积极鼓励员工参与档案工作建设，了解员工需求和对档案工作的整改意见，积极提出优化方案、与时俱进。以此对档案信息共享平台形成推进动力与正向压力，倒逼档案信息共享平台不断创新。

建立多层次共享服务机制。建立高效的联动机制，统一标准和细则。积极按照企业要求自觉建立数字共享信息平台，运用新技术更新数据库，确保平台的时效性、创新性和科学性、合规性，不断优化信息系统。促进区域信息互通流畅，打破地区壁垒，提高同行业资源共享利用率。档案管理的主客体机构直接决定信息共享平台的效率和完成度。

建立多方位共享服务机制。在软件方面，要发挥人才的作用，主要对懂技术的人才进行引进，为档案信息共享平台的建立注入新鲜血液。档案信息资源共享最终要落实到创新服务方式上，要把握大数据的浪潮，尤其是灵活运用以"互联网+"为支撑的各种社交平台，如利用短视频平台、微信公众账号等新媒体开展宣传。

（二）推进档案信息化标准规范体系建设

1. 强化档案标准规范体系建设

借鉴先进标准和成熟经验。积极进行学习调研，结合我

第四章　档案数据要素赋能产业应用场景拓展

国档案行业通用的标准规范和企业档案自身特点，形成一套既符合上级有关法则和标准，又具有先进性、完整性和可调整性的标准规范体系。统一档案信息化标准规范。从档案业务、技术、管理三个纬度建立统一标准，如统一元数据著录标准、电子文件存储格式标准、归档整理标准、条目信息检索标准、扫描质量标准、数字迁移标准等。

明确建设原则，把握整体协调性。档案信息化建设必须本着制度先行、完整、可调整性原则，将多元化的档案信息资源协调组织起来，通过网络互联互通，实现信息共建和共享。编订制度需把握全局，明确中心任务，围绕档案发展需要，制定一整套行之有效，并与管理系统相适应的数据采集、档案信息管理和应用等一系列配套的规章制度及操作规范。

加强前瞻性和反馈机制。根据公司实际情况进行制定，保证目前档案业务的延续性。同时要有前瞻性，对档案信息化建设制度和标准规范体系的构建留有余地，以免频繁修订。建立制度建设反馈机制，适时对相关规章制度进行调整和完善，确保制度和标准规范的质量，以满足档案发展和公司发展的需要。

2. 加快档案数字与智能改造标准规范建设

加强产业企业档案信息化统筹规划。充分发挥信息化建设方面的优势，满足档案信息化创新发展需要。研究制定涉及档案数字资源交换、电子档案移交和接收、档案数字资源共享利用和长期可保存等制度规范，建立完善的档案信息化标准体系，促进业务、技术、档案数字资源融合，实现系统衔接、资源建设、安全、利用等工作规范管理。

档案数字资源全面融入数字产业企业建设。运用人工智能、云计算、区块链等新技术，加快档案资源和档案管理数字化转型，推进档案工作质量、效率、动力变革，努力实现档案工作整体智治。加大"互联网+档案"模式应用，推广完善互联网、移动服务端查阅档案，综合运用云计算、大数据、区块链、智能分析等技术，发挥档案数据在预测分析、决策支持方面的作用，逐步建立相关工作标准规范。

强化数据归档和电子档案管理标准规范建设。主动融入数字产业建设，建立数据和档案协同管理机制，从产业层面规划业务系统数据归档及电子档案管理，强化重点领域电子文件归档工作，推进在业务流程中嵌入电子文件归档要求。推进电子文件单套制归档向更广泛领域推广，鼓励有条件单位开展业务系统数据归档试点，逐步形成数字档案资源归档和相关电子档案管理标准规范。

二、档案创新成果转化工程

（一）加快推进档案科技创新，助力档案工作转型升级

1. 完善档案科技创新机制

积极完善档案科技创新机制。（1）加强管理思维创新。重视档案管理思维意识的创新，从根本上转变传统固化的管理思

维，融入新时代发展性思维与先进技术，懂得发挥先进数字技术的作用和优势；（2）加强管理模式创新。选拔培养掌握先进数字技术、计算机技术、大数据技术的优秀管理人才，发挥新时期人才所具有的创新思维优势，同时也要配备完善的现代化数字技术设备与设施，建立档案管理的长效机制。高速发展的信息化、数字化时代，使得现代管理体制与机制不断变革；（3）推动管理手段创新。推动档案管理手段创新和升级能够使各种现代化设备和工具更便捷地应用于档案管理工作。着重完善档案管理的检索机制、保管机制和电子端口对接机制，建立信息化的档案管理细则，从而更好地完善档案管理的长效工作机制；（4）强化科技人才支撑和先进文化引领，扎实推进档案文化建设提升工程、人才强档提升工程建设，增强档案工作创造性，提升档案工作社会影响力，努力打造新时代档案管理高地。

2. 坚持创新驱动发展，落实档案科技支撑

集中力量打好制约档案事业发展的理论创新和技术攻坚战。积极参与科技兴档工程，进一步整合和强化科技力量，组织档案科技项目、档案事业重大现实问题研究，加大重点科研任务攻关力度。组织申报档案类重大科技课题项目，推进科技创新工作加快实施，构建起与此相适应的档案管理模式和服务体系。

加快建设重点档案实验室，开展国内外档案学术交流活

动，坚持创新和实用科研方向。高标准推进天然气产业数字档案研究室（实验室）建设，促进高水平数字档案馆建设，实现档案数字资源的在线接收和共享利用。建立培养、聚集红色档案保护人才工作机制，解决档案部门保护人才紧缺问题，切实提高红色档案抢救保护技术能力。创建红色档案保护科学研究工作新模式，促进红色档案保护技术发展和科研成果的推广利用。

（二）完善档案科技创新成果转化机制

1.规划布局数字化转型的档案科研创新方向和重点

根据产业企业档案事业发展和实际工作需要，组织开展具有战略性、前瞻性、实用性的项目研究。制定档案科技项目规划，研究编制年度立项选题指南，加大科研攻关有效性和针对性。重点开展档案管理新技术新方法研究、依法治档背景下档案工作体制机制创新研究、档案部门服务产业治理体系和治理能力现代化研究，传统档案保护技术应用与评估研究、特殊载体档案保护技术应用研究、现代绿色档案馆库建设研究，大数据、人工智能、区块链等新技术在档案管理中的应用研究。

2.建立档案科研成果转化机制及标准

成立产业企业档案科研成果转化及推广工作管理机构，充分发挥现有企业和社会研发机构等多方优势，整合国家和行业档案政策、资金、成果、团队等多种资源，建立创新联合体打造具有影响力的档案科研管理综合服务平台，集档案科研成果发布、信息互动、效果跟踪、评估等多种功能于一体，缩小信息鸿沟，减少盲目性与重复性工作。

3. 建立档案科研成果转化应用机制

加大档案科技投入，坚持集中攻关一批、示范试验一批、应用推广一批的档案科技创新发展路径，推动科研成果在档案工作中高质量发展落地转化应用。在企业研究机构中规划建设档案数字技术和新产品实验室、档案数据价值评估机构、档案数据交易实验室等。加大与高校、科研院所的档案交流协作，加强与行业档案部门交流与合作，吸引创新团队为档案高质量发展提供决策咨询，打造高水平档案创新平台，提升档案科研成果转化应用能力，推动一批高质量科研成果在档案工作中转化应用。

4. 推动重点档案研究成果转化

开展行业重点档案整理、数字化和编目著录工作，有序推动文件级目录整合汇集，为档案资源整合共享和开发利用提供必要基础条件。工业遗产保护、历史文化遗产传承等进行专题档案开发，通过开发带动保护，更好发挥档案在服务国家治理、传承红色基因、构建工业记忆、文明交流互鉴等方面的独特作用。开展企业档案开发利用优秀成果征集活动，集中展示推介企业优秀档案开发利用成果。

三、档案生态环境建设工程

（一）加强档案馆库建设与管理

1. 档案馆库优化设计

科学合理的档案馆库设计是具体实现档案馆库及馆藏档案安全的关键环节。档案建筑设计要科学合理，必须严格按照《档案馆建筑设计规范》（JGJ 25—2010）并结合档案馆自身的发展需要进行。科学合理的档案馆建筑设计分别从档案馆用房分隔、档案传送通道、档案馆电梯及档案垂直运输系统、围护结构、档案库房、重要电子档案保管和利用场所、档案信息化建设以及防火、防盗、防水、防尘、防雷、节能等方面充分体现，确保档案馆库及馆藏档案的安全得到具体落实。

2. 配备先进的技术设备

配备先进的技术设备是档案长远保管的保障。库房内采用环境智能控制设备，通过物联网布控，档案库房就能够实现十防的"实时监测、实时显示、时刻预警、即时报警、及时处理"智能控制。推动保管环境智能化建设，包括：智能密集架、恒温自控、恒湿自控、门窗警报、影像监控、控制灯光、漏水报警、自动消毒、自动除尘、自动通风、防火监测等。在保证档案安全的同时，实现了库房的整洁与高科技性，满足实现档案的长远保管需求。

第四章 档案数据要素赋能产业应用场景拓展

3. 加强库房升级改造

加强基于企业数字化转型的档案馆建设可行性研究，推动档案馆新馆建设，实施信息化、专用局域网设施设备的配备和更新，配备必要的档案安全设施设备。完成绿色档案馆自评工作，加强档案馆下属档案室升级改造。加强档案馆安全风险评估，建立健全档案库房日常管理、档案流动过程中安全管理等制度，提升档案库房管理精细化水平。完善档案库房应急处置功能，重点提升应对地震、洪水、火灾、失窃、泄密等危及档案安全的突发事件档案安全应急处置能力。

（二）提升档案数字资源安全管理能力

针对档案信息安全管理面临的风险，如存储介质安全性难以保证、数字档案文件易被篡改、网络安全问题严重等，采取相应的应对策略。

1. 创造安全的档案信息存储环境

做好基础网络安全防护，确保档案信息系统所在的网络环境安全，从而使得档案信息系统免遭破坏，可以断开互联网，进行物理隔离或安装必要的防火墙，给服务器增加一个防护层。做好网络安全防护，建立档案信息安全防护机制，定期开展测评、检查、整改等工作，定期优化网站代码，安装入侵检测系统，并及时对这些软件进行升级更新，保证计算机终端安全。强化对访问权限的控制，防止档案信息资源被非法使用或传播。定期对重要档案数据进行迁移，对那些重要的、珍贵的、确需长久保存的档案信息，采用合适的技术对其进行迁移和备份。

2. 建立完善的档案信息安全管理制度

根据《信息系统安全等级保护基本要求》《档案信息系统安全等级保护定级工作指南》，制定适合本企业档案信息系统安全管理机制，明确该岗位的分管领导及其职责。构筑档案信息系统安全监测体系，用户的身份、访问时间、浏览内容等将由信息运行系统进行实时的跟踪监测，一旦发现敏感信息就会引发报警。档案部门要以档案信息为基础，根据其不同的保密级别采取与之相适应的管理方式，结合工作实际，明确业务范围，梳理工作程序，将安全意识贯穿到档案工作的各个环节，并且制定应急预案定期演练，防患于未然。

3. 采用先进的档案信息安全保护技术

重视加密技术的应用，对档案信息进行加密保护，主要涉及到数据传输前的加密保护以及在用户终端上的加密保护，采用标准对称算法对文档内容进行加密，使用非对称算法对文档内容的加密密钥进行加密，这样既做到了加密过程的高效，又满足了安全性的要求。加强对数据冗余技术的应用，病毒、黑客等非法入侵都会损坏档案信息，这种技术是把档案信息在多个硬盘中进行备份，这样就保证了数据的完整可信。

4. 提高档案人员信息安全管理水平

档案信息安全人员应具有基本的系统安全风险分析能力和评估能力，对关键岗位的工作人员，应每年定期组织不同侧重的安全认知和技能考核。针对不同岗位定期组织档案信息安全意识的培训和档案信息安全技术的培训，提高应对档案信息安全风险的能力。

（三）完善档案安全监管机制

1. 针对档案安全关键要素，实施安全监管精准施策

当前，档案安全治理具体目标可归纳为实现库房安全、环境安全、设备安全、系统安全等十二大档案安全要素。档案安全监管过程中要统筹考虑各类安全要素，平衡兼顾内部与外部、传统与新型，根据档案馆自身情况评估衡量安全要素，进行个性化分级与排序，重点突出、以点带面地对档案安全问题加以治理。

2. 统筹平衡档案安全问题实施有效监管

协调档案馆内部安全与外部安全。档案安全治理就要实现外部宏观环境与内部微观要素的协同共治，馆外各种安全环境优化为馆内安全建设提供必要支撑；档案馆内安全实现又是馆外安全不可或缺的组成，是国家与社会安全实现的基础。

协调常态档案安全与非常态档案安全。常态档案安全是指档案在正常档案管理秩序与自然状态下，确保档案不受损、不破坏、不丢失而实现的档案安全。常态档案安全治理水平的提升减少了档案馆突发事件发生的可能性，从而减少非常态档案安全保障的压力。常态档案安全与非常态档案安全融合统一，同等重视。

协调维护档案安全和塑造档案安全。统筹维护档案安全与塑造档案安全辩证统一。档案部门既要保持好档案安全的现有状态，又要善于塑造有利于档案发展的安全环境。档案部门应立足维护，夯实档案安全的根基，主动塑造档案安全，全方位提升档案安全治理能力，主动施策为档案安全工作长远发展营造良好的环境。

3. 多维助力提升档案安全监管能力

有效运行档案安全治理协同共治机制。档案安全治理能力与体系建设其中一个着力点就是加强档案馆内安全机制建设，横向构建机制体系协同运行，对档案馆内部运行的安全要素进行支配、协调、影响和管控，对档案安全治理目标的实现形成无形的潜在推动力，使档案安全治理宏观设计实现同目标、多主体、全客体、全流程、多要素的协同共治，最大限度保护档案安全。

（四）拓展档案数据要素赋能产业领域

1. 档案数据要素在企业内外部分别发挥作用

档案数据要素可在企业内外部进行流动。在企业外部流动和应用的档案数据要素，主要用来优化企业的经营环境、降低企业的交易成本，在企业的上下游两端和供应链的各节点为企业组织生产和提供服务创造条件，在优化企业经营环境的同时降低企业的外部交易成本。在企业内部流动和应用的档案数据要素，主要被应用于企业的经营管理流程和生产制造活动。在

第四章 档案数据要素赋能产业应用场景拓展

技术研发和产品设计方面，利用档案数据要素的丰富信息和可智能化组合的特质，帮助企业优化产品性能，开发更加适应消费者需求的产品和服务；在组织生产的过程中，利用档案数据要素提供的信息来安排原材料采购和库存管理，以高效的生产管理来降低生产和管理成本。

因此，融合协同创新推进产业档案数字化场景化应用。（1）抓好档案数据要素赋能工业应用场景布局。结合天然气产业经济发展特色和需求，注重对应用场景的挖掘和推广，探索打造档案数据要素赋能业务示范应用场景，推动档案数据要素赋能产业落地与应用创新。例如，促进地质工程一体化评价实施，地下地质、井筒及地面建设工程档案数据全面统一，促进生产现场作业风险实时分析与管控，实现所有数据全采集、视频监控全覆盖、核心控制全自动；（2）大力拓展档案数据在管理应用场景，如虚拟会议和远程协作、虚拟培训和仿真模拟、产品展示和销售等。

2.数据要素在要素市场和商品市场中的应用

在要素市场运行机制方面，档案数据要素的融入将深刻改变要素市场的运行逻辑，通过对要素市场供需两端的信息搜集与智能整合，为企业生产提供更加适宜的生产要素，并使得传统生产要素的供需匹配和流通交易更加高效，深化要素市场化建设，提高全社会层面的资源配置效率和宏观调控水平。

在商品市场中，要利用档案数据要素的融入激发市场主体对数字产品的需求，从而提高数字产品的消费水平，拉动数字产业的发展。在整个商品市场运行方面，利用档案数据要素的流动性，以及各市场主体所属的应用场景，挖掘更多的消费潜力和需求特点，精准传递到企业端以指导生产做出调整，同时在后续的交易、运输、销售等环节实现全流程记录和反馈，以便更好地促进市场流通和循环。

3. 数据要素在数字化程度不同的企业中应用

数据要素在数字化程度高低不同的企业中所发挥的效能和作用是大不一样的。数字化程度较高、数据处理能力较强且始终处于数字产业链条上的企业可以划分为两种类型：一种是直接从事数据要素的生产、处理和应用开发等数字经营的企业，档案数据要素的市场化流通能够直接为其带来经济收益；另一种是有较强的科研能力和团队，能够较好地对档案数据要素进行挖掘、分析和利用，从而提高企业的经营管理能力和市场竞争力。

数字化程度和数据处理能力较低的企业虽然具有很强的数据要素应用需求，希望借助档案数据要素来提升企业的核心竞争力，但低水平的数字化能力限制了其对档案数据要素的使用。这既反映出产业数字化的潜力和巨大空间，也揭示了档案数据要素在该类企业中发挥作用需要借助外部平台和服务机构的赋能。

第五章　档案数据要素赋能产业价值评估方法优化

数据要素赋能产业的绩效评价是一项有待长期探索的重大课题。本章依据档案价值溯源、价值导向、价值拓展和实现，建立档案数据赋能绩效评价指标体系，并确立参数选择与计算模型；依据中国资产评估协会发布的《资产评估专家指引第9号——数据资产评估》第十二条和第十四条，对数据资产价值采用成本加成法并实证；依据相关评估标准进行企业数据分类，构建档案数据要素谱系，在国家档案局发布《开发利用科技档案所创经济效益计算方法的规定（试行）》（1994年8月）基础上，优化科技成果经济效益相关评估模型，构建企业档案数据产品经济价值评估模型，并对川渝天然气销售数据产品收益分成模型实证。这对档案数据赋能产业价值的评估具有重要的意义。

第一节　档案数据赋能绩效评价指标体系设计

一、评价指标体系构建依据与思路

（一）档案价值溯源：档案价值论的发展与演变

档案价值的概念可以追溯到19世纪，人们开始系统地管理和保存档案，以便用于法律、历史和其他研究目的。戴维·贝尔曼《来源原则的力量》和西奥多·R·谢伦伯格关于现代档案的鉴定等研究成果表明，档案价值概念的初步建立是为了服务于档案鉴定，辅助档案保留和销毁决策，以及在描述档案时进行价值判断。而关于档案价值的系统化研究主要是在20世纪中叶以后开始的。

1956年，谢伦伯格在其著作《现代档案——原则和技术》中首次提出了档案的初次价值和二次价值概念。他认为，档案的初次价值通常与档案的原始目的有关，主要体现在其创建或收集的组织中，用于行政决策、法律要求或业务操作等原始目的。初次价值通常在档案创建后的一段时间内最为明显，但随着时间的推移会逐渐减小或消失。而档案的二次价值则主要体现在其原始内容之外，为历史研究、社会科学研究或其他类型的查询提供独特的信息资源。二次价值通常在档案创建很久之后才显现，但一旦显现，这种价值可能会持续很长时间，甚至永久存在。

第五章 档案数据要素赋能产业价值评估方法优化

这一理念的核心思想在我国档案学者覃兆刿教授提出的档案双元价值观中得到了印证和延续,其主要观点从档案的工具属性和记忆属性出发,对档案的起源、定义、档案传统的评价和现代化构思建立了系统的看法,并指出"工具价值与信息价值如何完美结合,是现代档案工作体制创新的关键"。这两种理论强调了档案不仅是物理实体,同时也承载了信息和价值,指向了档案价值论的发展趋势:即从单一的价值观向多元价值观的转变。

随着人们对档案资源的需求不断增加,档案价值得到了更多的认识和重视。同时信息和数据的激增使得海量档案的有效管理变得更加重要,档案价值的理论研究成为了关键领域。在早期的研究中,档案的价值通常用经济效益来衡量,即档案能否为所有者或控制者带来直接经济利益。一些研究者认为,档案价值不仅在于经济利益,还在于其具有历史、法律、信息等多种价值。直到20世纪80年代以后,档案学在理论研究和实践领域发生了重大变化,其中包括对档案价值的理解和评估,档案资产的概念被提出,档案资产论应运而生,并开始与信息资产、知识资产、数据资产等概念产生关联。

(二)以价值为导向:集约化管理模式下的绩效评价

国家档案局2009年发布的《企业档案工作规范》(DA/T 42—2009)将企业档案界定为企业资产的重要组成部分,将企业档案归结到企业资产、企业资源中,进而提供了更强有力的政策支持。财政部2020年第97号文件《关于加强行政事业单位固定资产管理的通知》，将档案列入行政事业单位固定资产，并要求做好相关管理工作，有效盘活并高效使用固定资产。同年，中共中央、国务院发布《关于构建更加完善的要素市场化配置体制机制的意见》，将数据作为与土地、资本等并列的生产要素，要求提升社会数据资源价值，加快培育数据要素市场。作为数据资源的重要组成部分，档案数据的价值利用得到了更广阔的发挥空间。

绩效模型构建中加入档案多元价值因素，有四个方面作用：（1）全面评估绩效。操作层面的绩效指标纳入档案价值后，能更好地衡量档案和档案人员的贡献，使绩效评价更具科学性、全面性和深度；（2）产生激励效应。档案多元价值的体现可以鼓励档案管理人员更加关注档案的质量和利用，提高档案服务水平，进一步提升档案管理效能；（3）指导决策和资源分配。企业可以根据档案的多元价值，更精确地制定档案管理的目标和策略，并给予与一定的资源倾斜，以实现绩效和效益的最大化；（4）引起和提升管理层关注。通过以价值为导向的绩效评价，管理层能够更好地了解档案对企业和组织的重要性，为档案管理提供更多的支持和资源，从而形成服务档案事业高质量发展的绩效生态。

（三）拓展和落实：档案多元价值探索

为使档案价值理论基础和现实依据得到具体实施和体现，

第五章　档案数据要素赋能产业价值评估方法优化

企业需要在实践层面，将档案价值从重要性认识转化为可操作的多元价值分类，以辅助绩效模型的构建。根据第二章第三节对档案要素价值的分类为5类：凭证价值、经济价值、技术价值、社会价值、文化价值。例如，档案经济价值从服务以下方面得到体现：一是服务于决策，通过分析以往政策实施效果，为战略规划的制定提供参考；二是服务于研究，借助档案数据进行分析和论证，提升研究质量；三是服务于生产，如地质档案在矿产资源勘查中的应用，为生产活动提供支持。可以通过档案在特定行业或领域中的应用和贡献等进行评估。

二、评价指标体系构建

（一）模型构建与优化

评价模型以目标、指标、方法、主体、过程和结果为要素构成基本结构。作为评价模型的出发点和归宿，评价目标决定了评价的方向和重点，应明确、具体，且与组织的战略目标一致。作为评价模型的核心和评价目标的具体化和量化，评价指标应全面、关键、可度量，且与评价目标紧密相关。评价方法是评价模型的关键工具，决定了如何使用评价指标进行评价，应科学、合理，且易于操作。

评价主体为进行评价的人或组织，应该具有评价的能力和权威性，且对评价结果负责。在评价模型的实施过程中，应建立规范、透明、易于监控的步骤和流程。评价结果作为评价模型的终点和反馈，应该明确、公正，且有利于改进和决策。

以西南油气田公司为例，档案绩效评价指标设置流程可设置为：（1）明确绩效评价目标；（2）设置中心一级评价指标和档案价值权重；（3）分解区域中心二级评价指标和价值参数；（4）落实到员工岗位责任制和绩效考核指标中；（5）运行验证评价指标和价值权重设置；（6）优化形成绩效考核指标体系。

其中，将档案多元价值转化为可度量的评价模型需经过五个步骤：定义多元价值—形成量化指标—设定目标和阈值—收集和分析数据—持续优化改进。包括如何定义和衡量"档案生成速度"，权衡量化指标，区分不同档案特性和重要级。同时注意通过收集和分析历史数据，或者进行试点项目来验证绩效评价模型的有效性和可靠性。根据分析的结果，及时对 KPI 进行持续的优化。如某个指标的实际值与预期值有较大的偏差，则需要重新定义这个指标，或者调整其目标值和阈值。

（二）评价指标体系

要建立一套科学的绩效评价指标，需要从宏观到微观，从整体到个体的层级进行构建。组织层级方面，要与整体战略和目标相统一。以西南油气田公司为例，作为中国石油集团公司下属的油气田公司，组织层级指标的设置应从评价体系出发，细分部门和岗位层级指标，构建积极健康的绩效生态，使收益稳固收入，收入催生效益，效益推动发展形成闭环。

第五章 档案数据要素赋能产业价值评估方法优化

指标具体分解流程:(1)将档案四大体系建设作为公司过程绩效指标,按季度对公司档案中心进行考核,并由档案中心组织制订各类档案价值权重指标;(2)将归档的接收、保存、利用作为二级指标,结合各区域产生的档案,按价值权重指标纳入区域档案分中心的经济责任考核细则中,由档案中心负责按年度或季度进行考核;(3)区域档案将指标分解至各区域岗位人员,并纳入承包商考核体系,按月度进行考核。

(三)参数选择与计算

在评估档案具体价值时,可考虑权重法。即根据不同因素给予档案加权评估,加权的总体绩效指标(P),通过对这些价值进行加权求和来计算,如下:

$$P=W_1×V_1+W_2×V_2+W_3×V_3+W_4×V_4+W_5×V_5 \quad (5-1)$$

式中 W_1,W_2,W_3,W_4,W_5——凭证价值权重,经济价值权重,技术价值权重,社会价值权重,文化价值权重,它们的总和应该为1;

V_1,V_2,V_3,V_4,V_5——凭证价值价值量,经济价值价值量,技术价值价值量,社会价值价值量,文化价值价值量。

通过确定评估因素—分配权重—给予评分—计算总价值的逻辑进行价值评估。先根据档案的特点和评估目的,确定需要考虑的因素。例如,档案信息内容、重要性、稀缺性、保存状态等。然后为每个因素分配权重,按百分比或相对比例反映其在整体评估中的重要程度,并选择或制定科学的评分标准,对每个因素进行评分。最后根据权重和评分，通过定量的或定性的方式，分析因素的各个方面表现，按照公式计算档案的总价值。具体的权重和评分需要可以依据专业知识、经验和相关研究，结合实际情况进行判断和确定。此外，权重和评分的确定过程也可以进行专家访谈、问卷调查或集体讨论等方式进行。

第二节 档案数据要素资产价值评估方法优化与实证

一、档案数据投入产出分析

（一）企业档案开发利用的投入

1. 企业档案开发利用过程中的硬件投入

硬件环境是档案信息系统生存的物质基础，是档案信息系统赖以存贮、处理、传递档案信息的外部环境。硬件建设投入主要包括服务器（数据服务器、应用服务器、客户机）、输入设备（扫描仪、数码摄像机）、档案数字化设备（音频数字化设备、视频数字化设备）、输出设备（打印机）、网络平台（连接系统、交换系统、屏蔽系统）、支撑设备（光盘、磁盘）等。

2. 企业档案开发利用过程中的软件投入

企业档案开发利用系统得以顺利运行，还依赖于各种软件

第五章　档案数据要素赋能产业价值评估方法优化

及数字档案信息资源的支持，这部分的投入包括三方面：系统软件、应用软件、信息资源加工与发布软件。系统软件是管理计算机系统资源的软件，有利于计算机充分发挥高效率，便于用户使用和管理。其主要包括操作系统、编译程序、诊断程序和数据库程序等。应用软件是用户利用计算机及其所提供的各种软件编制的为解决某一实际问题而设计的程序。档案信息资源的加工与发布主要内容包括传统载体档案的数字化和网上档案信息数据库的建设与维护。

3. 企业档案开发利用过程中的人力投入

作为企业，人才是关键，是力量之源。企业档案信息的管理与利用离不开人才的支撑，档案利用活动的效率高低、质量好坏以及档案利用的效益与档案工作者息息相关。优秀的高素质人才队伍能使档案信息系统的利用与运行事半功倍，提高企业档案信息的有效利用，而人才的缺乏或不恰当的使用分配则可能导致诸多问题。因此，企业应采取各种措施，有计划、有步骤地培养信息化人才，提高档案信息利用效率。

（二）企业档案开发利用的产出

对于企业档案信息产出而言，直接产出的就是档案，其次是档案对企业效益的影响。企业开发利用档案信息资源，必然会产生一定的经济效益和社会效益。企业档案信息资源在企业各部门得到广泛利用，各部门获得经济效益和社会效益在一定程度上包含着档案信息利用的产出，这种效益是企业档案信息机构为其提供档案信息利用而得以实现的。

二、档案数据资产价值形成

（一）数据资产价值形成

根据国际会计准则理事会（IASB）对资产的定义："资产是一种有潜力产生经济利益权利的经济资源，是企业由于过去事项而控制的现时经济资源"。国家标准GB/T 40685—2021《信息技术服务　数据资产　管理要求》中给出数据资产（Data Asset）的定义，是指合法拥有或者控制的和能进行计量的，为组织带来经济和社会价值的数据资源。数字资产是拥有数据权属（勘探权、使用权、所有权）、有价值、可计量、可读取的网络空间中的数据集。数据资产界定为信息资源经过数据采集、挖掘、清洗、标注、分析等，形成可采、可见、标准、互通、可信的高质量数据资源，并且该数据资源拥有权属和价值、可计量且可读取。数据资产具有以下特征：数据资产的边际成本趋近于零、数据资产的价值易于波动、数据资产的使用会创造更多数据资产、对数据资产的使用存在竞争、数据资产的功能需要持续维护。

数据资产的价值需要综合考量其市场供需关系、渠道成本、对企业核心业务的贡献和潜在创收能力、数据管理能力和安全性等多方因素。从成本、质量、数量、应用、政策等5个维度分析数据资产的价值构成。

第五章　档案数据要素赋能产业价值评估方法优化

（二）档案数据资产价值形成

1. 档案数据资产

档案数据资产符合会计准则对资产的定义。在数据资产化背景下的档案数据治理工作的核心是对主数据进行管理。档案资产论能指引档案数据从资源转化为资产，将档案视为资产，并不是简单意义上的买卖档案，而是将档案中所蕴含的丰富信息提取、凝练出来，转化为知识，进而创造效益。这一观点在新修订《档案法》中也有所体现，档案数据从"资源"转化为"资产"成为可能。2016年《档案法》和新修订《档案法》都明确了"档案复制件的交换、转让，按照国家有关规定办理"。

2. 数据资产化过程

数据采集与存储是数据要素资产化的第一步，数据加工及技术服务是数据要素价值化的关键环节，数据安全是数据要素市场发展的重要保障。数据资产价值构成和评估已有初步研究，大多研究的关注焦点是数据资产价值评估，忽视了数据资产化过程与其价值评估的融合，表现为：（1）已有数据资产价值构成的研究大都不能涵盖数据从产生到流通以来（即数据资产化过程）的全部价值；（2）已有研究忽视了数据资产的应用场景，因数据的价值在于与具体业务的结合。由于数据资产具有业务附着性，数据产生阶段并不产生价值，只有在与具体业务结合后才会创造价值。

数据资产价值评估首要解决的问题。通过文献分析和总结，可将数据资产化过程分为三个阶段。第一阶段是数据集转化为数据资产的过程；第二阶段是数据资产与具体业务相结合并创造价值阶段；第三阶段是数据资产的流通阶段。数据资产流向市场，为不同企业创造不同价值。通过上述三个阶段，各类原始数据完成资产化历程，形成数据资产并开始为企业创造价值。

3. 数据资产的价值体现

根据信息生命周期的分析可以发现，信息生命周期基本包含信息获取、信息标识、信息保存、信息交换、信息处置等多个阶段。当产品被消费时，才能体现出其价值，因而信息的价值体现在信息交换环节。然而，数据资产是信息的载体，数据资产的生命周期可以包括数据生成、分类、保存、传播、处置等阶段，数据资产的价值也应在数据被消费时才能体现，即数据传播环节。一般来说，数据资产的价值体现有两种途径：其一，被企业自身所利用，以提高产品的性能；其二，向市场传播，为其他企业提供相应的信息。

三、档案数据资产评估方法选择与实证

（一）评估方法选择

根据 IASB 资产概念框架，将数据资产界定为"有潜力带来经济利益的数据权利"，这其中包括数据确权和价值评估两

第五章　档案数据要素赋能产业价值评估方法优化

个关键要件。因此，除了对数据权利加以确认外，还要判断数据资产带来经济利益的潜力。2020年出台的《资产评估专家指引第9号—数据资产评估》提出了使用成本法、市场法和收益法三种方法对数据资产价值进行评估。对于数据资产而言，由于其没有实物形态，并且具有非货币性，可以类比无形资产，因此，数据资产价值评估方法可主要参考收益法、成本法、市场法。

1. 收益法

Mark Berkman（2002）认为收益法为数据资产估值的最佳方式。收益法是指通过测算数据资产未来能为企业带来的收益值，利用折现率计算其现值，进而计算数据资产的价值。目前，收益法运用得比较广泛，能够被大多数学者以及资产评估业务各方所接受。但是，无论是对企业自身还是对其他企业来说，数据资产的用途和功能都是帮助企业进行决策。出于这一目的，数据资产为企业所带来的收益是与企业的产品交织在一起的，很难进行分割。因此，用收益法对数据资产进行评估时，必须将数据资产作为一个独立的个体计算其所获得的收益，导致难以使用收益法对数据资产价值进行评估。

目前，我国数字经济发展仍处于成长期，对数据资产带来经济利益潜力的评估可能存在较大的困难。因为，数据资产价值实现具有高度不确定性，当下无法带来经济利益的数据资产可能在未来实现价值。因此，对于数据资产的价值评估应从两个方面展开，不仅要评估数据资产的当前价值，还要评估其未来价值潜力。数据资产的当前价值主要表现为经济价值和市场价值，数据资产的未来价值潜力则主要表现为内在价值，即根据数据规模、数据质量评估数据本身所蕴含的潜在价值。

2. 成本法

成本法是指先计算出数据资产的重置成本，同时估算数据资产中已经存在的各种实体性贬值、经济性贬值、功能性贬值，而后在其重置成本中扣除各项贬值，进而得出数据资产的价值。成本法的基本原理在于，在条件允许的情形下，任何一个理性的消费者都不愿以超出现行构建成本的价格来购买此数据资产，其核心为数据资产的重构与重建。张志刚、杨栋枢和吴红侠通过构建数据资产各项成本的价值评估模型，来计算数据资产的价值。然而，由于数据资产能够为企业带来巨大的价值，其价值本身远远超过重新构建数据资产的现行成本，因此用成本法评估数据资产价值略显狭隘。

采用成本法进行档案数据资源价值评估重点是对在危机中所生成的档案数据资源的成本进行评估。具体操作就是对该类档案数据资源的重置成本扣减各项贬值确定。其基本计算公式为：

$$评估值 = 重置成本 \times (1-贬值率) \text{ 或者评估值}$$
$$= 重置成本 - 功能性贬值 - 经济性贬值 \quad (5-2)$$

重置成本的确认。重置成本的评估工作受档案数据资源类

第五章 档案数据要素赋能产业价值评估方法优化

型的影响,危机中不同活动单位所产生的档案数据资源在类型上有所不同,比如项目档案、工程档案和会计档案等。不同类型档案数据资源的获得成本也不相同,因此若采用成本法对突发事件档案数据资源进行价值评估,对重置成本的选择应选用更新重置成本,即在评估基准日获取该类档案数据资源的成本。

功能性贬值的确认。功能性贬值的评估工作可以采用"层次分析法",核心思想是将档案数据资源价值的因素进行分解。因此,档案数据资源的价值因素就是影响其真实性、可靠性和凭证性的因素。

经济型贬值的确认。经济型贬值的评估工作主要是指评估基准日当天的某些外部因素对该类档案数据资源价值的影响。对档案数据资源经济型贬值的评估具有偶然性,要结合评估日的具体情况具体分析。

3. 市场法

市场法是指将市场上相同或者相似资产的近期交易价格,通过直接或者间接对比,分析其中的差异,估算数据资产的价值。市场法有两个前提条件,即资产能够在公开市场上进行交易和具有可比性,两个条件必须同时满足,缺一不可。刘琦等(2016)将数据资产之间的差异进行量化,利用市场法估算数据资产价值。

在前提满足的情况下,市场法能够真实地反映资产市场情况，并且由于各项指标参数直接来源于现时市场，相比于其他方法更为真实。目前我国交易模式尚不成熟，相应的入场标准、资产标准认定、交易制度规范等都处于试运行阶段，且覆盖数据类型有限、高价值数据偏少，尚不能提供大量完整、公开的数据交易信息。另外，数据作为一类经验商品，其价值可能在使用后才会揭示，根据数据收集者和使用者自身掌握的信息程度和能力差异，在交易进行过程中不可避免产生信息摩擦问题。

（二）实证：成本法计算XX单位（2020—2022年）档案资产价值

1. 方法选择依据

中国资产评估协会发布的《资产评估专家指引第9号——数据资产评估》，第十二条，数据资产价值的评估方法包括成本法、收益法和市场法三种基本方法及其衍生方法。其中，第十四条对于成本法予以明确，数据资产的价值由该资产的重置成本扣减各项贬值确定。

考虑国有资产增值保值，数据资产价值采用成本加成法：

$$数据资产价值 = 数据资产历史成本 \times 重置成本系数 \times (1+合理利润率) \quad (5\text{-}3)$$

2. 测算数据来源

以西南油气田公司XX单位2020—2022年档案数据资产历史成本为例（表5-1），并假定档案全面数据化和资产化。

第五章 档案数据要素赋能产业价值评估方法优化

表 5-1 XX 单位 2020—2022 年档案数据资产历史成本表

（费用单位：万元）

成本项目	2020年	2021年	2022年
基本运行费	158	166	135
人工成本	252	252	252
折旧	21	21	21
合计	431	439	408

3. 测算步骤及结果

历史总成本确定。以档案数据形成过程中作业耗费的人工成本、办公设备折旧、档案机构基本运行费作为档案数据资产的历史总成本。

$$总成本 = 基本运行费 + 人工成本 + 折旧 \quad (5-4)$$

代入数据：431+439+408=1278

重置成本计算。根据年平均 CPI 作为重置系数 S 测算档案数据资产的重置成本。计算 S=1.01

重置成本 = 重置系数 × 历史总成本 =1278 × 1.01=1290.78（万元）

表 5-2 2020—2022 年重置系数 S 测算表

年度	CPI	S
2023	1%	1
2022	2%	1.01
2021	0.9%	1.03
2020	2.5%	1.04

档案数据资产价值。合理利润率参照集团公司建设项目基准收益率下限为 6%，并把 S=1.01，重置成本 =1290.78（万

155

元），代入（5-1）式，计算得：

$$\text{档案数据资产价值} = \text{重置成本} \times (1+\text{合理利润率})$$
$$=1290.78 \times (1+6\%) =1368.23（万元）$$

第三节 档案数据产品收益分成评估模型构建与应用

一、传统档案开发利用经济价值评价模型

（一）档案开发利用主要效益类型与特点

企业档案开发利用效益是一个复合型概念，其产生的基础是企业档案资源本体的价值。企业档案开发利用效益从作用内容来看，主要包括经济效益和社会效益两个方面的内容。企业档案资源开发的经济效益，指的是企业档案资源被开发后形成的可以用价值或货币衡量的效益，可以统计量化是其显著特点。企业档案资源开发的社会效益，指的是企业档案资源开发后形成的非经济效益，比如政治效益、文化教育效益、社会档案意识提升效益等。档案效益特点包括间接性、内向性、多维性、延滞性、隐蔽性。

（二）传统科技档案效益与参数取值

1. 计算模型

企业档案开发利用活动的开展必定会带来一定的经济效

益。现代管理学中关于效益就是指投入与产出的对比关系。1994年8月，国家档案局发布了《开发利用科技档案所创经济效益计算方法的规定（试行）》。这一规定为统一全国档案利用效益的计算方法创造了条件。档案利用经济效益计算的基本公式表示为：

$$J=\alpha S-C \quad (5-5)$$

式中　J——档案利用经济效益；

　　　α——档案利用效益系数；

　　　S——档案利用后增加的经济效益；

　　　C——档案利用成本。

2. 参数取值

α值的确定。利用专家评估法，要选定有权威，经验丰富的专家对企业档案开发利用的效益因素进行分析判断，取最适当的α值$[\alpha\in(0, 1]$。α值取值范围见表5-3。

表5-3　α值取值范围（国家档案局1994年8月发布）

作用类型	作用程度		α取值范围
起凭证作用	科技档案起决定作用	30年以上的科技档案	0.8~1
		30年以下的科技档案	0.5~1
	科技档案起重要作用	30年以上的科技档案	0.4~0.7
		30年以下的科技档案	0.2~0.6
技术转让	科技档案复制件在技术转让中起决定作用		0.8~1
	科技档案复制件在技术转让中起重要作用		0.5~0.8
	科技档案复制件在技术转让中起较大的促进作用		0.2~0.4
	科技档案复制件在技术转让中起一定的促进作用		0.2以下

续表

作用类型	作用程度		α 取值范围
节约设计工作量	全部复用图纸的		0.8~1
	剪贴，修改复用图纸在60%以上的		0.3~0.8
	剪贴，修改复用图纸在60%以下的		0.3以下
增加设计收入	某项设计全套复用		0.7~0.9
	某项设计60%以上复用	起重要作用	0.4~0.7
		起辅助作用	0.2~0.3
	某项设计60%以下复用	起重要作用	0.3~0.6
		起辅助作用	0.2以下
节约原材料节约能源	对节约原材料、能源起重要作用		0.2~0.4
	对节约原材料、能源起促进作用		0.2以下
提前投产、设备维修、提前完成、工程提前竣工	对提前投产，设备维修提前完成，工程提前竣工起重要作用		0.2~0.4
	对提前投产，设备维修提前完成，工程提前竣工起促进作用		0.2以下
增加产量	对增加产量起重要作用		0.1~0.3
	对增加产量起促进作用		0.1以下
提高质量	对提高质量起重要作用		0.1~0.3
	对提高质量起促进作用		0.1以下
扩大销售	对扩大销售起重要作用		0.1~0.3
	对扩大销售起促进作用		0.1以下

S 值的确定。企业档案开发利用的类型主要包括三类：（1）企业档案信息起凭证和复用作用，比较容易求得的；（2）企业档案信息为设备改造、产品革新等提供参考，计算稍有些困难；（3）提高员工业务素质，计算更是困难，不易精确计算出来。这三类是相互交错的，相互影响，没有明确的界线。

第五章　档案数据要素赋能产业价值评估方法优化

C 值的确定。C 值是指企业档案的利用成本。在计算企业档案开发利用成本时，还应注意：（1）企业档案管理的成本是按财务年度累计的，一般年代越久的档案成本费越高；（2）在计算单个利用活动取得经济效益时，企业档案管理的成本可以忽略不计；（3）在计算档案利用的综合效益时，不应忽略成本。

二、档案数据产品收益分成模型构建与实证

（一）构建思路与分成率模型设计

1. 依据相关标准进行油气田企业数据分类，构建档案数据要素谱系

工业和信息化部办公厅关于印发《工业数据分类分级指南（试行）》的通知（工信厅信发〔2020〕6号），第二章数据分类，第五条工业企业结合生产制造模式、平台企业结合服务运营模式，分析梳理业务流程和系统设备，考虑行业要求、业务规模、数据复杂程度等实际情况，对工业数据进行分类梳理和标识，形成企业工业数据分类清单。第六条工业企业工业数据分类维度包括但不限于研发数据域（研发设计数据、开发测试数据等）、生产数据域（控制信息、工况状态、工艺参数、系统日志等）、运维数据域（物流数据、产品售后服务数据等）、管理数据域（系统设备资产信息、客户与产品信息、产品供应链数据、业务统计数据等）、外部数据域（与其他主体共享的数据等）。

企业数据分级分类标准是指对企业内部的数据进行分类，

以便更好地管理、保护、评估数据价值。不同行业和组织可能有不同的数据分级分类标准，以下是一些常见的企业数据分级分类标准：（1）国家秘密数据，涉及国家安全和利益的数据，需要严格保密。（2）机密数据，涉及企业商业机密和敏感信息的数据，需要受到保护。（3）内部数据，企业内部人员可以访问和使用的数据，如员工个人信息、内部报告、市场研究等。（4）公开数据，可以公开访问和使用的数据，如企业公开信息、新闻发布、产品说明等。（5）个人数据，涉及个人身份和隐私的数据，如姓名、联系方式、健康记录等。（6）业务数据，企业日常业务中产生的数据，如销售数据、客户数据、库存数据等。（7）系统数据，企业内部系统和应用程序产生的数据，如数据库日志、服务器日志、网络流量等。（8）历史数据，企业历史上产生的数据，如旧的交易记录、旧的报告等。

《中国石油天然气集团公司档案管理手册》（2020版）关于档案类目设置共设11个一级类目，即文书类、产品类、科学技术研究类、建设项目类、设备仪器类、会计类、职工档案类、天然气勘探开发类、声像类、实物类等，构建一级数据要素体系。依据中国石化档案二级类目，构建二级数据要素体系。依据油气田企业具体实际情况，构建三级数据要素（表5-4）。

第五章 档案数据要素赋能产业价值评估方法优化

表5-4 油气行业企业数据要素体系分类参考表

序号	一级数据要素 （中国石油一级类目分类）	二级数据要素 （中国石化二级类目分类）	三级数据要素
1	管理类 （文书类）	党群管理、行政管理、经营管理、生产技术管理类	
2	产品类	石油（气）产品、化工产品、化纤产品、精细化工产品、机械仪器产品、其他	
3	科学技术研究类	油气田勘探开发、生产工艺、分析评价、自动化与计算机应用、油气集输、机械设备仪表、其他	
4	建设项目类	油气采集与分离净化工程、油气长输储运与经营工程、炼油装置、化工化纤装置、电力通信工程、辅助生产设施、民用设施建设、其他	
5	设备仪器类	石油专用设备、石油专用仪器、石化专用设备、石化专用仪器、通用设备、通用仪器	
6	会计类	会计凭证、会计帐簿、财务报告、其他	
7	职工档案类	干部档案、工人档案、已故职工档案、其他	
8	油气勘探开发类	综合、测绘、地球物理化学勘探、地质勘探、钻井工程、试油试采、油气田开发、单井档案	
9	金融类		
10	声像类		
11	实物类		

2.依据和优化科技成果经济效益相关评估模型

遵循国家科技部《科技成果评价试点暂行办法》（国科发计字〔2000〕588号）和国家级企业管理现代化创新成果评价相关规定，根据2024年行业标准《石油天然气勘探开发科技成果的经济价值评估方法》收益分成法。

3. 应用数据要素组合创新增值机制，构建油气田企业档案数据产品经济价值评估模型

遵从油气数据价值分享理论，应用数据要素组合创新增值机制，深化认识档案数据要素协同创效，确定企业档案数据要素谱系的功能价值，构建企业档案数据产品收益分成模型（图5-1），即：档案数据产品收益分成等于项目收益净值乘以档案数据产品收益分成率。

档案数据产品收益分成率是实现档案数据产品创新创效收益分成的核心，其大小与其项目分成基数、数据要素分成基准值、数据要素层级分成基准值、档案数据产品创新强度系数密切相关。对档案数据产品收益分成评估，可分为4个步骤：（1）数据总体要素收益分成基准值确定，即确定数据要素在其他生产要素（土地、劳动力、资本、技术）中的贡献值；（2）数据层级要素分成基准值确定，即按照数据要素谱系或数据级序分类功能价值基准值确定；（3）档案数据产品创新强度系数确定。它与档案数据产品级别、数据产品应用场景、数据产品新颖度等密切相关；（4）档案数据产品收益分成率确定。它等于数据总体要素收益分成基准值、数据层级要素分成基准值、档案数据产品创新强度系数三者之积。

（二）档案数据产品收益分成净值计算模型

根据产品收益分成法和档案数据产品收益分成率评估模型，档案数据产品分成收益净值（净利润或净现值）（Q）是

第五章　档案数据要素赋能产业价值评估方法优化

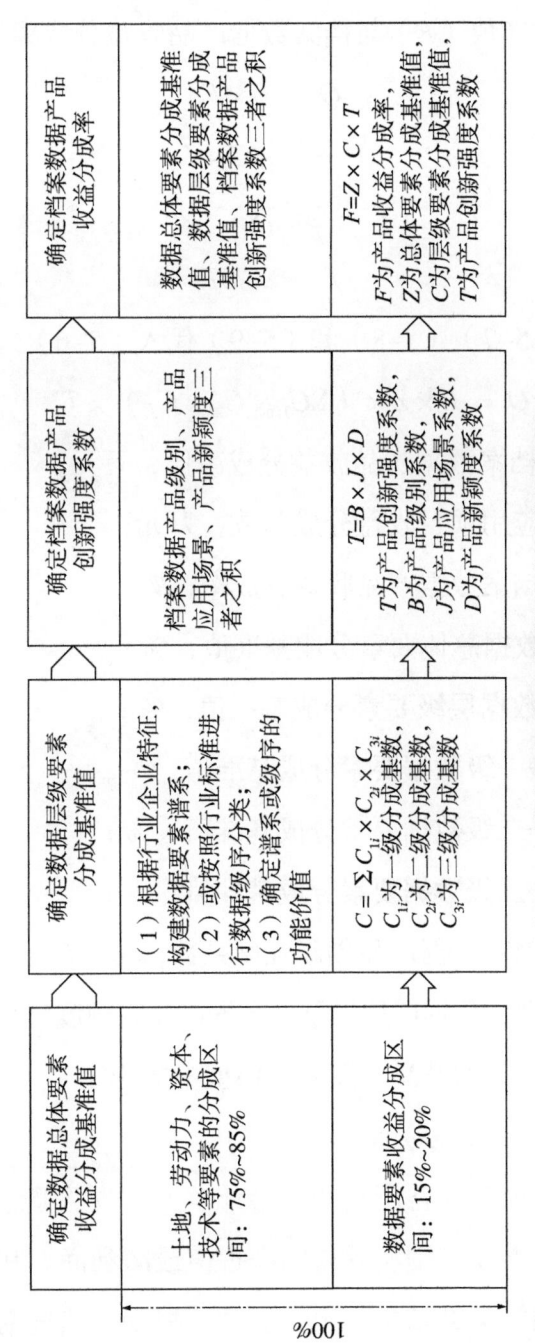

图 5-1　档案数据产品收益分成评估流程图

确定数据总体要素收益分成基准值
- 土地、劳动力、资本、技术等要素的分成区间：75%~85%
- 数据要素收益分成区间：15%~20%

合计 100%

确定数据层级要素分成基准值
（1）根据行业企业特征，构建数据要素谱系；
（2）按照行业标准进行数据级序分类；
（3）确定谱系或级序的功能价值

$C = \Sigma\, C_{1i} \times C_{2i} \times C_{3i}$
C_{1i} 为一级分成基准数，
C_{2i} 为二级分成基准数，
C_{3i} 为三级分成基准数

确定档案数据产品创新强度系数
档案数据产品级别、产品应用场景、产品新颖度三者之积

$T = B \times J \times D$
T 为产品创新强度系数，
B 为产品级别系数，
J 为产品应用场景系数，
D 为产品新颖度系数

确定档案数据产品收益分成率
数据总体要素分成基准值、数据层级要素分成基准值、档案数据系数创新强度系数三者之积

$F = Z \times C \times T$
F 为产品收益分成率，
Z 为总体要素分成基准值，
C 为分层级要素分成基准值，
T 为产品创新强度系数

163

应用项目收益净值（E）与档案数据产品收益分成率之积。故：

$$Q = E \times F \tag{5-6}$$

$$F = Z \times C \times T \tag{5-7}$$

$$C = \Sigma C_{1i} \times C_{2i} \times C_{3i} \tag{5-8}$$

$$T = \Sigma T_i \Sigma T_{ij} \tag{5-9}$$

将公式（5-7）、（5-8）和（5-9）代入（5-6）式整理得：

$$Q = E \times Z \times (\Sigma C_{1i} \times C_{2i} \times C_{3i}) \times T \tag{5-10}$$

式中　　Q——档案数据产品收益分成净值，万元；

E——应用项目收益分成基数，万元；

F——档案数据产品收益分成率，%；

Z——数据总体要素分成基准值，%；

C——数据层级要素分成基准值，%；

C_{1i}——一级数据要素分成基准值，%；

C_{2i}——二级数据要素分成基准值，%；

C_{3i}——三级数据要素分成基准值，%；

T——档案数据产品创新强度系数，%。它与数据应用级别、数据应用场景、数据产品新颖度等目前相关。

（三）档案数据产品收益分成模型参数确定

1. 应用项目收益分成基数（E）

数据应用项目收益所指的是会计学上的收益概念，即档案数据产品应用涉及范围所获得的净现值或净利润。其收益类型与技术创新创效类型基本一致。例如，根据天然气勘探开发科

第五章 档案数据要素赋能产业价值评估方法优化

技成果所属的专业领域、转化应用产出的总体经济效益分为新增储量类、新增产量类、其他增效类。其中，其他增效类是指在产品创新、技术服务与交易、降本增效过程中形成了增量效益，包括新产品、换代产品、替代产品、技术服务、技术交易、节省建设项目投资、降本增效七类。按照中国石油天然气集团公司发布的《勘探开发科技成果经济价值评估指南》（2020年版）规定的项目效益计算规则进行应用项目收益分成基数计算。

2. 数据总体要素分成基准值（Z）

根据文献资料，不同行业资金、技术、管理要素的贡献分布有差异，资金密集型行业三者贡献分布：50%、30%、20%；技术密集型行业三者贡献分布：40%、40%、20%；高科技行业三者贡献分布：30%、50%、20%。考虑油气行业属于资金密集和技术密集型行业，油气行业广义科技贡献率在70%以内（其中包含管理要素的贡献），而总体技术要素分成基准值在30%~50%。中共中央、国务院2020年4月发布的《关于构建更加完善的要素市场化配置体制机制的意见》将数据作为与土地、劳动力、资本、技术并列的生产要素。由于数据要素是从土地、劳动力、资本、技术等生产要素中分离出来，成为生产要素五分法，平均值为20%。因油气田技术要素和资源禀赋占比较高，故数据要素总体要素分成基准值（Z）取值在15%~20%。

3. 数据层级要素分成基准值（C）

根据油气行业企业数据要素体系分类参考表（表5–4），

通过业内专家采用层次分析法，形成 C_{1i}、C_{2i}、C_{3i} 参考值，见表 5-5。数据层级要素分成基准值的具体实施过程中，主要存在三种情况：

表 5-5 档案数据层级要素分成基准值参考表

一级数据要素（C_{1i}）/分成基准值，%	二级数据要素（C_{2i}）/分成基准值，%	三级数据要素（C_{3i}）/分成基准值，%
管理类（文书类）/15	党群管理、行政管理、经营管理、生产技术管理类	根据被评估档案数据产品所涵盖数据产品创新点归属指引的三级数据要素影响力的贡献，确定该三级数据分成基准值： （1）未涵盖任何数据产品创新点为 0； （2）涵盖创新点，根据影响力的贡献程度，确定分成基准值： ①未对其他数据产品产生带动性影响为 0.2； ②对其他数据产品产生较低的带动性影响为 0.4； ③对其他数据产品产生较大的带动性影响为 0.6； ④对其他数据产品产生很大的带动性影响为 0.8； ⑤对其他数据产品产生极大的带动性影响为 1.0
产品类 /10	石油（气）产品、化工产品、化纤产品、精细化工产品、机械仪器产品、其他	
科学技术研究类 /15	油气田勘探开发、生产工艺、分析评价、自动化与计算机应用、油气集输、机械设备仪表、其他	
建设项目类 /15	油气采集与分离净化工程、油气长输储运与经营工程、炼油装置、化工化纤装置、电力通信工程、辅助生产设施、民用设施建设、其他	
设备仪器类 /5	石油专用设备、石油专用仪器、石化专用设备、石化专用仪器、通用设备、通用仪器	
会计类 /10	会计凭证、会计账簿、财务报告、其他	
职工档案类 /5	干部档案、工人档案、已故职工档案、其他	
油气勘探开发类 /15	综合、测绘、地球物理化勘探、地质勘探、钻井工程、试油试采、油气田开发、单井档案	
声像类 /5	以上声像数据类	
实物类 /5	以上实物数据类	

第五章 档案数据要素赋能产业价值评估方法优化

第一种情况，数据应用项目需要动用表 5-4 的绝大部分数据类型，如新增储量，以及需要绝大部分数据类型的新增产量收益。可通过业内专家采用层次分析法，赋权形成表 5-5 中一级和二级数据要素分成基准值。

第二种情况，数据应用项目需要动用表 5-4 的部分数据类型，如大部分增产类项目，以及少部分其他增效类项目。通过业内专家采用层次分析法，依据数据应用项目实际需求的数据类型对表 5-4 进行重组，并进行归一化处理。最后赋权形成表 5-5 中新的一级和二级数据要素分成基准值。

第三种情况，数据应用项目仅需动用表 5-4 的一级单项全部或二级全部、或二级中单项，如大部分其他增效项目。为简化处理，设：$C \approx \Sigma C_{1i} \approx \Sigma C_{2i} \approx \Sigma C_{3i} \approx 1$。

4. 数据产品创新强度系数确定（T）

数据产品创新与技术创新存在显著差异又密切关联。数据产品创新度是量度一件数据产品创新程度的变量。数据产品具有分级分类属性，体现数据产品支撑决策对象层次划分，以数据应用级别系数（B）表征；数据资产的应用场景，由于数据资产具有业务附着性，数据产生阶段并不产生价值，只有在与具体业务结合后才会创造价值，即数据的价值在于与具体业务的结合，这与应用场景密切相关，用数据应用场景系数（J）体现；根据数据资源的稀缺性、获取和存储的难度、自主研发和投入方式，即数据产品的形成方式和数据产品自主更新程度，表征数据产品创新程度，用数据产品新颖度系数（D）表征。

由业内数据应用专家和数据开发专家根据实际成果赋权（表5-6），依据公式（5-9），企业档案数据产品的创新强度由数据应用级别系数（B）、数据应用场景系数（J）、数据产品新颖度系数（D）指标表征，然后按照层次分析法计算该档案数据产品创新强度系数。

$$档案数据产品创新强度系数（T）= \Sigma T_i \Sigma T_{ij} \quad (5-11)$$

式中　T_i——第 i 项一级指标，%；

T_{ij}——第 i 项一级指标所对应的第 j 项二级指标，%。

表5-6　档案数据产品创新强度系数取值参考表

序号	一级指标（T_i）		二级指标（T_{ij}）	
	一级指标名称	权重，%	二级指标名称	权重，%
1	数据产品级别	25	支持战略新兴产业的决策数据	100
			支持战略发展的决策数据	90
			支持主营业务的决策数据	80
			支持一般业务的决策数据	20
2	数据应用场景	40	战略新兴产业场景	100
			竞争性核心业务场景	90
			主营业务场景	80
			一般业务场景	20
3	数据产品新颖度	35	自主研发的全新升级数据产品	100
			合作或委托研发的全新升级数据产品	80
			购买数据服务机构改进型数据产品	60
			购买咨询服务机构的集成性数据产品	20

第五章 档案数据要素赋能产业价值评估方法优化

5. 数据产品收益分成模型实证

XX 天然气销售公司 2023 年税前利润 13.81 亿元。天然气销售属于公司主营业务，主要涉及到市场运销管理，数据应用场景主要涉及到川渝地区天然气市场，其运销数据产品主要来源于营销部和天然气经研所分析研判、委托高级咨询研究机构提供分析报告、以及购买咨询报告，形成天然气市场决策支持数据产品。

（1）主要参数测算。

①项目收益分成基准值（E）= 年度天然气销售净利润（万元）。

②数据总体要素分成基准值：15%。

③数据层级要素分成基数（C）：因市场运销属于第二种情况，主要涉及管理类，产品类中的天然气产品，科学技术研究类中分析评价，会计类、职工档案类、声像类、实物类等绝大部分数据要素。而相应的三级数据要素影响力的贡献差异较大，具体见表 5-7，将相关数据代入公式（5-8），得：

$$C = \Sigma C_{1i} \times C_{2i} \times C_{3i}$$

$$= 14.72\% + 9.6\% + 14.72\% + 7.2\% + 2.56\% + 2.56\% + 2.56\%$$

$$= 53.92\%$$

④档案数据产品创新强度系数（T）。根据项目特点，并依据表 5-6，形成表 5-8。其中，数据产品级别属于支持主营业务的决策数据，取值为 80%；数据应用场景属于主营业务场景，取值为 80%；数据产品新颖度的综合评价属于合作或委托研发

的全新升级数据产品,取值为90%,将数据代入公式(5-11),得 T=57.6%。

表 5-7 市场运销档案数据层级要素分成基准值参考表

一级数据要素（C_{1i}）		二级数据要素（C_{2i}）		三级数据要素（C_{3i}）分成基准值,%
一级数据要素名称	分成基准值,%	二级数据要素名称	分成基准值,%	
管理类（文书类）	23	党群管理、行政管理、经营管理、生产技术管理类	80	80
产品类	15	石油（气）产品、化工产品、化纤产品、精细化工产品、机械仪器产品、其他	80	80
科学技术研究类	23	油气田勘探开发、生产工艺、分析评价、自动化与计算机应用、油气集输、机械设备仪表、其他	80	80
会计类	15	会计凭证、会计账簿、财务报告、其他	80	60
职工档案类	8	干部档案、工人档案、已故职工档案、其他	80	40
声像类	8	以上声像数据类	80	20
实物类	8	以上实物数据类	80	20

表 5-8 天然气市场数据产品创新强度系数取值参考表

序号	一级指标（T_i）		二级指标（T_{ij}）	
	一级指标名称	权重,%	二级指标名称	权重,%
1	数据产品级别	25	支持战略新兴产业的决策数据	100
			支持战略发展的决策数据	90
			支持主营业务的决策数据	80
			支持一般业务的决策数据	20

第五章　档案数据要素赋能产业价值评估方法优化

续表

序号	一级指标（T_i）		二级指标（T_{ij}）	
	一级指标名称	权重, %	二级指标名称	权重, %
2	数据应用场景	40	战略新兴产业场景	100
			竞争性核心业务场景	90
			主营业务场景	80
			一般业务场景	20
3	数据产品新颖度	35	自主研发的全新升级数据产品	100
			合作或委托研发的全新升级数据产品	90
			购买数据服务机构改进型数据产品	60
			购买咨询服务机构的集成性数据产品	20

⑤数据产品收益分成率

将 $Z=20\%$，$C=1$，$T=64.8\%$，代入（5-7）式，得：

$$F = Z \times C \times T$$
$$= 15\% \times 53.92\% \times 57.6\% = 4.66\%$$

（2）数据产品收益分成计算。

将 XX 天然气销售公司 2023 年税前利润 13.81 亿元，数据产品收益分成率 4.66%，代入公式（5-6），得：

$$Q = E \times F$$
$$= 13.81（亿元）\times 4.66\%$$
$$= 6435.46 万元$$

因此，XX 天然气销售公司数据产品收益分成为 6435.46 万元。

第六章　档案数据要素赋能
产业价值管理创新

　　档案数据是展示产业链创造价值的一系列业务流程连接情况的原始记录。随着数据要素驱动数字经济发展，推进档案历史记录数字化水平，推升档案数据要素基础价值地位成为必然趋势，拓展了企业在经济、技术、社会、文化等整个业务链的利用价值空间和维度，驱动了档案数据要素价值在分析、评估、交易、激励等方面的管理创新。本章依据数字经济、数字技术与实体经济深度融合与协同发展，数据要素在赋能实体经济发展中的全面和基础性作用，以及档案业务与档案数据价值管理，设计档案数据要素价值管理模式基本结构，并提出相应的档案数据要素价值管理策略，以提升档案数据要素赋能产业价值管理创新水平。

第六章　档案数据要素赋能产业价值管理创新

第一节　档案价值管理模式构建思路与目标

一、构建思路与原则

（一）构建思路

1. 强化数字经济、数字技术与实体经济深度融合与协同发展

数字经济与实体经济融合发展是实现高质量的必由路径。数字经济的发展将全面提升实体经济的运行效率和发展动能，推动实体经济向数字化转型。通过加强信息数据融合平台的建设、加快数字产业智慧化的转型、提升数字治理能力等，推动国民经济持续高质量发展。数字经济发展丰富了实体经济的外延和内涵，拓宽了实体经济的空间，优化了实体经济的发展模式，特别是海量的数据信息具有极大的应用价值，构成了实体企业重要的利润来源。数字经济对实体企业的创新投入、创新产出和创新效率实现了整体提升，特别是对大型企业、国有企业、成长期企业、资本密集型企业、数字经济禀赋高和知识产权保护力度强的地区企业效果尤为突出。

2. 强化数据要素在赋能实体经济发展中具有全面和基础性作用

数据要素作为数字经济的重要组成部分与核心要素，在支

撑数字经济运转的同时，对其他产业领域也具有外溢影响。实体企业在产品生产和企业经营管理的过程中广泛使用数据要素，充分挖掘数据要素的应用价值，利用数据要素承载的信息来进行决策分析和自动化、智能化改造，帮助企业实现更大的市场价值。数据要素可复制、能共享、无限供给，必将成为联接创新、激活资金、培育人才、推动产业升级和经济增长的关键。

3. 强化档案业务与档案数据价值管理

强化档案业务与档案数据价值管理的主要路径是：（1）坚持档案工作统一领导、统一管理、统一制度与统一标准的基本要求，着重体现"集约化"的"集"，由领导统一组织牵头，形成分工明确、权责对等、沟通顺畅的工作网络；（2）以现实工作为基础，扬长补短，提炼总结，形成企业统一的制度标准和业务标准，便于各类资源的纵向、横向整合，实现规范化管理；（3）根据历史经验和企业现状，结合数字技术和档案工作发展趋势，着眼于未来，统筹兼顾，科学规划登记档案工作发展模式；（4）按照多元治理理念，将档案管理要求充分融入管理、生产、经营等各项业务管理制度和流程，搞好业务融合。分级分层，按照管控模式，集团总部和所属企业分级制定不同层次的档案制度；（5）优化流程，动态实施，将档案业务规范与业务流程嵌入档案管理系统，档案制度与档案管理系统深度契合，按照 PDCA（计划—实施—评价—

改进）对档案制度进行动态完善，实现各个节点的顺畅衔接以及每一个节点上资源与业务的最佳配置，提供高效优质的档案服务。

（二）**构建原则**

根据生产要素组合创新理论、技术创新理论、要素分配理论和价值管理理论，遵循产业链生产要素主体地位平等，档案数据创新创效与产业链投入产出业务链密切相结合原则。基于档案数据要素资源开发、应用与价值交易业务价值链，坚持数据要素级序与数据价值指数相匹配等原则；坚持档案数据价值评估、价值分配、价值定价与交易一体化管理原则；坚持数据要素价值分享过程的社会公允性与统筹兼顾、动态性与循序渐进，推动档案数据驱动与价值分享协调发展，有效激励档案数据开发管理和应用人员的积极性和创造性的原则。

二、发展目标

总体目标为档案治理效能显著增强、档案资源建设全面加强、档案服务效能大幅提升、档案安全保障全面强化、档案数字化再上新台阶、档案数字化技术应用取得新突破、档案人才队伍建设取得新发展，形成与新时代中国特色社会主义事业相适应的产业档案事业发展新局面，为档案强国做出应有的贡献。

以西南油气田公司为例，到2030年，随着档案馆（藏）新建或扩建，档案业务系统在线归档集成进一步成熟，企业档案工作集约化新格局基本建成、全生命周期集约化管理运行模式基本成熟，档案工作走向依法治理、走向开放、走向现代化取得实质性进展。到2035年，全面建成档案强企，党对档案工作的领导更加巩固、依法治理体系更加完善、开放利用更加优质、整体智治更加高效，率先实现高水平的能源档案现代化，成为记录和展示现代产业体系的重要窗口。

第二节　档案数据要素价值管理模式

一、价值管理模式结构设计

档案数据价值管理机制模式的结构由4个部分组成（图6-1），（1）档案数据要素价值分析与创造管理系统，包括2个方面：档案数据生产要素价值分析与创造子系统，即档案数据资源开发（数据谱系）、转化与应用、运营与交易；（2）档案数据要素价值评估与定价管理系统，包括档案数据经济价值溯源分配评估模型及其评估参数确定；（3）档案数据要素价值交易与管理系统；（4）档案数据要素价值分配与激励管理系统，包含档案数据价值激励分配评估模型及其参数确定，以及激励方式和奖励政策等。

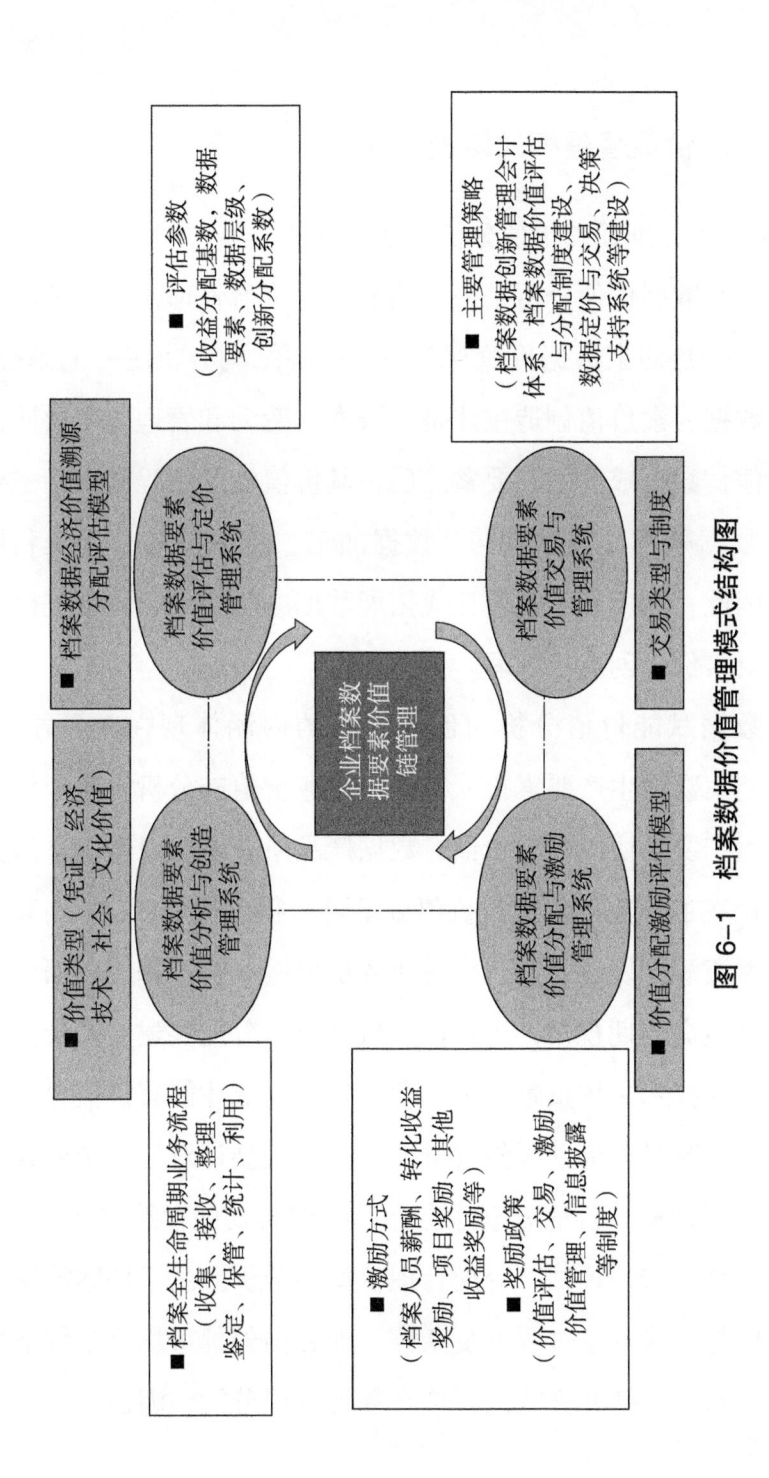

第六章 档案数据要素赋能产业价值管理创新

图 6-1 档案数据价值管理模式结构图

二、价值管理模式结构内容

（一）数据赋能价值分析与创造管理

档案数据价值分析是公司档案数据价值管理模式框架的逻辑起点，是档案数据价值管理模式中各结构有机统一的基础。档案数据要素价值创造主体是与资本、劳动和管理要素协同创造价值，数据成为生产要素之后，其价值创造流程变长，主要包括数据采集、数据存储、数据加工、流通交易、开发利用等。因此，利用数字技术迭代拓展数据应用场景，可推进档案数据要素价值创造与管理。

数据赋能价值分析与创造管理的内涵体现在3个方面：（1）档案数据生产要素投入与产出业务价值链分析。基于档案数据生产要素协同创造价值，数据产品所有者可以进行价值分享，档案工作者权益通过价值分享可以得到保障；（2）档案数据要素资源开发、应用、交易业务价值链分析。基于数据要素资源全生命周期视角，进行档案数据价值分配要建立在价值创造活动与技术主体贡献之上，即必须有绩效才能有价值分享的基础，同时必须借助天然气科技创新管理会计对科技全要素投入的核算计量，价值分享才有会计基础与发展存续；（3）档案数据产品创造、评估、分配管理价值链分析。由于档案数据价值形成与价值分享过程的复杂性，加之内外部市场化条件下技术主体间通过博弈方式进行档案数据价值分配，因而只有建立科学、合理、易操作的档案数据价值分配方法模型与建设相关档案数据价值分配制度并举，才能有效实现档案数据价值分配。

（二）档案数据价值评估与定价管理

国务院办公厅关于完善科技成果评价机制的指导意见（国办发〔2021〕26号）要求：坚持科技创新质量、绩效、贡献为核心的评价导向。重点评价推广前景、预期效益、潜在风险等对经济和产业发展的影响。在数字经济时代，档案数据产品具有科技成果的属性，应结合档案业务自身特点，评价内容包括：凭证价值、经济价值、技术价值、社会价值及文化价值。

档案数据的经济价值评估是指为了确定档案数据要素价值分配额度，按照数据要素相关价值评估规范、标准或制度和评估流程而进行的经济价值评估工作，作为档案数据要素价值管理的最核心内容之一，其关键是确定不同应用场景中的数据要素贡献度或价值分享率。坚持档案数据质量、应用绩效、要素组合创新贡献为核心的评价导向，重点评价档案数据的应用前景、预期效益、潜在风险等对经济和产业发展的影响。档案数据要素的经济价值评价重点是从数据产品的转化和应用中获得的经济利益的货币衡量。其评价方法主要包括成本法、市场法与收益法三种，并通过建立适用于市场化的数据要素经济价值评估体系，促进档案数据要素经济价值评估。

档案数据产品市场定价是价值管理的核心内容之一。目前，数据产品市场定价的主要方法包括：（1）成本+利润定价模型把数据产品的价格表示为技术的研制成本加期望技术带来的利润;(2)收益分成定价法是建立在效用价值论基础之上,通过对数据的经济效益进行预测来给数据产品定价,该方法比较容易被数据产品供需双方接受,可操作性也较强,因而比较实用;(3)市场价格比较法赖以生存的数据产品市场和交易信息体系尚未健全。由于数据资产的非标准性和交易活动的有限性,采用市场法任重而道远;(4)市场博弈让渡定价法。

在档案数据产品价格确定中,继承和完善传统成本法,利用档案数据产品全成本法合理解决价值底线问题。应用和创新收益现值法,解决档案数据产品效益预期和分成率问题,特别是在确定双方利益时,需对档案数据产品的获利水平、创新水平、市场前景、转移条件、社会效益、寿命等多种因素进行综合分析,以确定档案数据产品利润分配比例。根据档案数据产品供需函数、档案数据资产风险概率分布特征、档案数据产品价格区间定价原理,基于档案数据产品供需双方通过交易双方利益博弈方式来合理、均衡地分担档案数据产品风险和分割收益,遵从档案数据产品价格通常采用供需双方在可接受的上下限之间进行谈判的实现机制。因此,档案数据产品交易参考价格等于档案数据产品基础价格与档案数据产品需求方价格让渡值之和。

(三)档案数据价值交易类型与管理

档案数据产品价值化是科学建立档案数据产品内外部交易机制、实现档案数据产品市场繁荣的必要条件。档案数据产品市场化定价是数据产品形成到市场化发展的必然要求。档案数据产品交易属于合作型博弈，必须考虑到档案数据产品交易双方各自的利益，能被交易双方共同接受，交易双方只有合作才能使数据资产发挥其效能，取得新增利润。

在市场经济中，只有资本才能创造价值，数据产品增值的前提是要转化为数据资产。数据转化为资产后，可采取的后期经营方式有数据商品销售与服务、数据资产转让、数据资产许可、数据资产投资、数据资产抵押等方式。档案数据产品的转化模式有许多种，不同转化模式的档案数据产品的价格也各不相同。档案数据价值交易涉及内容包括：数据资产交易组织、价值主张、核心资源和能力、目标客户、主要业务、盈利模式、商业网络、交易规则8个子系统构成。

（四）档案数据价值分配与激励管理

数据要素参与经济价值分配的实施是在一系列的内部与外部条件的推动下进行的。正是这些条件的形成与出现促进了数据要素参与经济价值分配这种分配方式的产生与发展。在这些条件的作用下，数据要素参与经济价值分配由简单、粗放到复杂、精细，由以定性为基础、随意性大到定性与定量相结合、规范化。由于档案数据形成和利用过程与价值分享过程的复杂性，档案数据主体间是通过市场化博弈方式进行数据要素价值分配，档案数据作为生产要素按贡献参与分配，只有构建科学、合理、易操作的档案数据要素价值分配方法模型，并与相关档案数据要素价值分配制度建设并举，形成"由市场评价贡献、按贡献决定报酬"的机制，才能有效实现档案数据要素价值分配。

档案数据价值分配涉及三个核心问题。（1）数据产品经济价值分配率。按照科学合理的分配方式，通过从劳动、资本、技术和管理等数据生产要素中获得数据产品经济价值分配率，扣除常规数据产品经济价值分配率后，其分配率余值为数据产品经济价值分配率；（2）档案数据价值分配方式与分配方案选择，它是指数据要素价值分配实现路径的选择方式，是档案数据价值管理模式的重要内容。其主要方式包括工薪分享、一次性档案业务奖励分享、档案数据项目承包奖励分享、数据资产入股分享、税后净利润提成分享、数据资产转让报酬分享、利润分享等；（3）支撑数据产品经济价值分配率测算和档案数据价值分配方式落地的相关政策制度。

第三节 档案数据要素价值管理策略

一、积极加强业务链数据融合

（一）以数据要素推动价值链、创新链、供应链和产业链的数据循环

数据要素在实体经济中的流动和全方位应用需要构建多层次的产业关系生态体系，以衔接和整合各赋能环节与应用片

第六章 档案数据要素赋能产业价值管理创新

段，主要措施包括各市场活动关系链条的数据融合与产业数字化的深度推进，也就是以数据要素为纽带推动价值链、创新链、产业链和供应链四大功能链条的数据融合。通过四大链条中的数据要素流动实现其对企业内外部功能模块和运行环境的赋能，形成数据要素赋能实体经济的数据循环生态系统。而数据要素在整个循环系统的运转和使用，需要各主体和单位具备相应的数字化基础条件和处理能力，这又指向产业数字化的发展。

优化业务流程，提高档案数据要素赋能工作效率。梳理业务流程，合并同类项。从业务受理、审核到归档，实现闭环管理，各尽其责，互相补充，紧密衔接，避免重复劳动。随着统一登记制度的不断推进和深入，集约化管理的思路和理念已逐渐被企业认知和熟悉，并在实践中得到应用。应把握登记和档案工作规律，积极探索先进的管理理念，全面应用二维码、物联网、云存储等信息化、数字化新技术，实现科学高效管理。整合优化数据资源，建立全方位的查询服务体系，发挥登记物权公示作用，推动企业登记档案工作水平的全面提高，为社会提供高效、优质的信息服务。

（二）健全和完善档案资源开发与信息共享模式

国家档案局在 2005 年印发的《关于加强企业档案信息化建设的意见》中指出："企业档案部门应加强与企业信息化建设主管部门的联系，提出档案信息化工作的基本要求，并将档案管理系统纳入企业信息化系统之中，实现档案管理系统与企业信息系统的无缝链接"。企业档案管理系统应与企业有关系统（如设计、生产、经营、财务、材料、管理、服务等）相衔接，确保档案部门对本企业各类电子文件、电子档案的收集、整合、控制和传递。档案信息管理系统设计，应遵循模块设计、分层实现、循序渐进的原则。"

随着企业信息化的推进，企业各个业务部门逐步建立不同的业务管理信息系统，由于没有统一的文件管理策略，导致系统信息无法共享，形成新的"信息孤岛"。因此，强调将档案信息化纳入企业信息规划之中并作为各业务系统的一个重要组成部分，无论对于企业信息化建设还是档案信息化建设的成功都是至关重要的。

二、促进档案数据资源开发和共享

（一）加强企业档案信息开发及利用基础设施建设

为保障档案管理工作取得理想成果，应保障档案的安全性，这就意味着应配备专业的硬件及软件。一方面硬件设施应配备专业的储存柜、监控系统、温湿度调节仪、空调等，具有超强的保护功能，结合现实需求定期升级；另一方面涉及其他的基础设施应当充分利用企业现有资源，避免重复投资。依托企业信息基础设施配套，比如云存储、智能光环网、专业技术平台、智能终端及边缘计算、网络安全防护等，有力支撑专业领域的数据应用开发和借阅利用高水平服务。

（二）完善档案共享利用制度化建设

制度化建设是做好档案管理工作的重要基石，制度是企业运行的内部法则，在开发利用档案数据方面更是尤为重要。夯实档案管理责任，健全档案管理组织体系，坚持把强化制度建设作为推进档案规范开发和利用的重要环节，制度文件应厘清相关职能部门职责，明确业务部门作为管理者的职责，档案部门作为具体执行者的工作，结合实际，编制和修订完善相关制度，不断提高档案工作的效能和规范化管理水平。

（三）优化档案资源共享权限

鉴于国家、企业均鼓励档案资料借阅利用共享，发挥档案价值，企业应按照档案类别制定共享规定，对开发类、建设项目类、科研类等无密级档案，简化审批流程：（1）单位审批制。利用企业范围内形成的档案，由申请人单位领导审批后，直接到档案保管部门办理；（2）本人承诺制。办理档案借阅时提交保密承诺书，承诺本人按照有关档案管理制度规定，妥善保管、使用所借阅利用的档案资料，并负有保密责任。

三、强化档案平台基础与环境建设

（一）重视数字化基础设施建设

数据基础设施主要指支撑数据要素流通的各类硬件设施和软件平台。档案数据资源汇聚、共享、流通、交易和应用等都离不开档案数据价值分析与管理，对基础设施提出新的要求，数据基础设施建设应坚持以点带线、以线促面，分阶段推进企业数据基础设施建设，逐步提升数据要素的原始积累。

深入推进工业互联网、工业物联网等平台建设，加大产业数字基础设施架构的技术攻关投入，加强新一代操作系统、数据库、编译系统、通信协议、国产引擎、工业软件等在产业领域转化应用和升级；完善数字基础设施与平台建设，建立与国家数据中心相适应的产业数据中心，搭建云计算软件、技术服务、数字交流服务、数字展示与体验等平台，积极开展光通信网络和全面感知的物联网系统基础设施升级改造。围绕上层业务应用和一体化协同环境需求，针对基础设施瓶颈问题，配套开展网络传输升级、算力中心扩容、网络安全提升等工作，支撑企业数字化转型、智能化发展。

（二）强化档案智能平台环境建设

构建档案智能化共享平台。档案数字化之后就需要建立一个平台来对其进行存储和运转，这个平台依托于网络，连接了公司的各个部门，将各个部门协同起来，一起管理并且使用档案，这就是档案信息化共享平台。在这个平台上，企业各部门从档案的整理上传，再到档案的申请利用，所有工作都可以在平台上进行，减少了中间过程，提高了工作效率，并且同一份档案可以同时被多个部门、人员同时使用，提高了档案的利用效率，提升了部门员工的工作质量。随着智能开发、智能教育、智能公共服务、智能城市建设逐渐成熟，资源共建共享、

第六章　档案数据要素赋能产业价值管理创新

技术与资源的交叉协调、档案馆智能信息服务的拓展、人才资源共享和参与意识的共同提升等也成为可能。

档案馆智能分析系统建设。智能化企业档案管理改变了人机交互方式,将用户主动查询信息资源的方式转变为档案馆主动提供信息资源服务,提高档案服务的灵活性、准确性和便利性,实现了智能化服务和档案管理的业务管理模式。与传统的数字档案相比,智能档案的核心功能包括三个方面:(1)完善档案的日常管理,包括档案的收集、智能整理以及实物档案的管理;(2)有效开发利用档案资源,提供常规的利用方法,包括一般检索和特殊检索,实现智能数据挖掘、智能信息分类、主动推送等服务;(3)深化企业数字档案资源的挖掘和开发,形成各类企业财务发展数据支撑资源、企业成果报告资源、企业业务知识数据库、客户资源管理数据库等,为现代企业生产、经营、管理等提供有效的信息数据支撑。

(三)加大档案要素建设投入

档案建设,离不开项目化投入和支持,只有强大的资金保障为后盾、优化的档案建设项目实施与管理机制,才能确保档案管理工作厚积薄发、高效发展。为确保档案管理工作高质量发展,坚持以项目化推进,提供足够的资金保障和不断健全完善项目管理机制。

1.强化相关专业信息系统技术支撑

在知识管理视域下,确保档案管理信息化稳定发展的前提是不断学习相关先进技术，更新信息化建设所需要的软硬件设施。通过应用数字技术可以确保档案信息资源的完整有效，实现快速分类及归档等操作，引入知识管理来弥补缺陷，提高档案的利用率，使企业档案管理朝着数字化、自动化的方向前行。（1）运用现代的数字化技术将信息数字技术引入到档案资源管理工作中，可以有效提高档案资源管理工作的安全性和稳定性。企业应搭建有目的且有规划的档案管理信息知识库，借助数据仓库技术、数据挖掘技术等先进技术的支持，将知识吸收消化，做到档案管理工作同步提升科学性与便捷性；（2）按照"1+1+N"档案资源共享平台建设思路相关系统多，集成难度大，涉及到多个承包商协作、多种软件技术集成、不同项目阶段对接，需要各相关专业信息系统服务商提供技术支撑；（3）用户界面友好："1+1+N"档案资源基础体系建设思路，平台不仅档案人员接收、整理，还有借阅人员使用，优化检索界面，提高他们获得档案的便利性；（4）建立安全保障系统：建立完善的安全保障措施，包括安全监控系统、防火防水系统、灾难备份系统等，确保档案的安全性和可靠性。同时，要建立权限管理制度，限制档案的访问和操作权限，保护档案的机密性。

2.落实档案建设项目的资金保障

贯彻落实习近平总书记重要批示精神是做好档案管理项目资金保障的重要前提。紧紧把握新时代档案工作的各项任务需求，敏锐把握机遇，科学谋划，在经费批复方面给予档案管理

第六章　档案数据要素赋能产业价值管理创新

部门最大的支持。始终加强档案管理工作财力保障，突出人才的资金保障，按规定严格落实工资福利待遇，尽最大能力改善档案管理工作办公条件，真正留住人才、使用人才。

3. 优化档案建设项目的实施与管理

档案管理的显著特点是真实性、权威性和依据性。坚持与时俱进，转变档案管理模式，坚持把"死档案"变成"活信息""活资源"，充分挖掘档案中的有益资源，积极发挥档案管理工作在文化资源服务、项目建设等中的优势，最大限度发挥其社会效益和价值效益。坚持拓展思路，创新档案管理格局，公开档案目录、卷宗，举办陈列展览，让更多人了解档案管理，探索发展信息导航服务、推送服务等档案服务模式，真正发挥档案管理优势作用。坚持信息化管理，优化档案管理方式，借助信息化技术、现代化手段，进行档案建档、识别、输入、输出、存储以及档案总结分析，真正使档案信息资源共享落到实处。

四、提升数据资产价值与交易管理水平

（一）加强档案数据资产融合管理

1. 加强创新链的数据融合

在研发创新和商业转化环节的数据互动流通过程中，利用市场中及时、全面、海量的数据要素促进科技创新和知识创意的蓬勃发展，并推动以生产和需求为中心的商业市场的质量

提升，形成创新链与价值链互促发展的局面。创新链围绕着推动数据产品和知识创意走向商业化来生产和销售，集聚着研发创造、公共政策、商品化转化、要素整合和运营管理体系等主体力量与功能环节，通过人才、资金、信息、政策和文化等要素的组合与支持，推动高校、科研院所等研发机构创造出满足市场需求的科技创意成果。在数据产品研发过程中，需要来自市场的不同主体、不同条线、不同场景的数据要素作为分析材料，而数据产品研发成果包括技术参数等信息，也需要通过数据要素的形式向商品化环节传输，或者直接以数据资产的形式进入市场交易。

2. 加强供应链的数据融合

在信息空间、物流通道、资金流动等方面，将供应商、制造商、分销商和最终用户等主体节点连接成一个完整的网链结构。为发挥数据要素的应用效果，将供应链上各主体的状况和往来活动全面数据化，并在各节点之间建立数字化传输的连接设施，将形成的数据要素在链条上分发与整合以供各主体使用，促进整个供应链的运转效率提升，并在面临外在冲击时统筹调度供应链上的主体力量进行应对，提高调整、变通的反应速度和协调重组的反应能力，实现贸易对象和贸易方式的数字化。

3. 加强产业链的数据融合

产业链中的各节点是以企业为主体将数据要素融合进产业链，在数据要素融入价值链、创新链、供应链的基础上，对各链条间的数据要素进行互联互通并综合运用。各链条以企业为主要连通节点，以数据为主要信息传输载体，完成各链条上数据要素的汇集和分发，构建数据要素在实体经济中流动的多层次生态网络体系。产业体系中的企业主体需要进行数字化改造或重组，包括生产设备、生产空间、要素投入、管理系统、交易流通、物流运输和消费场景等方面的数字化，从而为数据要素在整个实体经济体系中的流通和应用提供符合条件的技术基础和运行环境。

（二）探索资产要素市场化配置路径

1.适应国家相关要求，有效解决数据市场化配置问题

国务院印发的《"十四五"数字经济发展规划》提出，强化高质量数据要素供给、加快数据要素市场化流通、创新数据要素开发利用机制等重点任务举措。中共中央、国务院《关于加快建设全国统一大市场的意见》指出，要"打造统一的要素和资源市场，加快培育数据要素市场，建立健全数据安全、权利保护、跨境传输管理、交易流通、开放共享、安全认证等基础制度和标准规范"。

然而，数据要素的全面市场化应用还面临着确权和定价等法理和技术问题的制约，在现实场景中有关数据要素的经营、管理、赋能实体经济等还缺乏最基本环境。当前，数据要素赋能实体经济必须让数据如土地、资本等生产要素一样流动起来，实现数据资产的交易本质特性，创造数据管理的条件与环

境，充分应用数字技术构建产业数据资产的计量、定价、经营管理模式；可以本着先易后难的原则，暂时避开权属确定等难点，先以促进数据要素流通和潜能激发为主，在当下可行的条件下实施一些突破项目和操作方案，如行业构建数据要素流通和应用的系统解决方案；建立以头部企业为中心的数据要素共享应用生态，在产业基础设施互联的基础上，由头部企业通过产业链、供应链、创新链等链条关系将数据要素汇集起来并分发出去，利用商业交往关系完成数据要素生产、流通和应用，产生价值权益分配，如美的、海尔、华为等行业头部企业，基本形成了以自身为中心的数据链核心平台产业集群。

2. 分步实施数据资产要素市场化配置

数据资产要素市场化配置是围绕数据资产价值的形成、评估、交易和分配过程进行的，这一过程需要基于会计视角实现对价值的确认、计量，从而建立起微观会计价值核算与宏观市场价值运动的关联，通过高效的数据要素交易市场，为数据要素提供估值定价和交易流通平台。在数据资产价值形成阶段，从技术角度、会计角度、制度角度分析，完成"数据资产形成——→数据资产确权——→数据资产确认"过程；在数据资产价值评估阶段，从技术、会计、制度方式，完成"数据特征识别——→价值估计——→价值封装"过程；在数据资产价值交易阶段，数据资产价值交易是数据资产市场化配置的核心环节，数据资产交易的另一个前提是数据资产的证券化，可以参照证券交易模式进行数据资产价值交易，以此完成"数据证券化——数据交易风险管控——数据资产交易"过程；在数据资产价值分配阶段，进一步完善数据资产价值分配机制，建立基于激励机制的数据资产挖掘与管理体系，激发数据资产市场活力。区块链的工作机制较好地体现了价值分配过程，通过工作量和共识机制，让所有的算力公开，建立相应的激励机制，以此完成"数据资产绩效评价——数据资产收益共识——数据资产收益分配"过程。

（三）加强产业档案数据要素交易市场管理

1. 多方协同合作培育数据交易主体

现阶段数据要素市场主体更加重视构建闭合生态，数据孤岛普遍存在，甚至出现了一定程度的数据垄断、交易黑市等不良现象。一方面面向数据资产评估、登记结算、交易撮合、争议仲裁等需求，发挥政府、企业、数据中介、智库机构等各自作用，探索构建涵盖交易主体认证、资产评估、价格发现、交易分润、安全保障、争议解决的新型数据交易平台和市场运营体系，支持合规、创新的数据流通交易平台与运营体系建设；另一方面充分调动行业商协会作用，建立健全数据产权交易和行业自律机制，强化数据交易平台的数据安全保护责任，不断提高对数据安全流通溯源的认识和能力。

2. 多措并举提升数据要素利用能力

提升数据要素的使用、交易效率和安全合规利用，需要以改革创新的思维多管齐下，充分利用技术工具，培育创新型人才，构建适应数据要素特征的产业支撑体系，不断催生数据要素市场新业态新模式，兼顾数据要素开发利用和数据安全。（1）强化技术创新，推动区块链、安全多方计算、联邦学习等隐私计算技术应用，从技术层面实现数据交易流通中的可用不可见，保障数据安全与发展并重；（2）加快知识型、技能型、创新型数据要素相关人才培养，推行数据岗位专项技能培训和数据人才能力认证；（3）完善数据要素利用支撑体系，开展面向数字技术、产品、服务供给侧的能力评估，建立健全适应数据要素特点的税收征收管理制度和企业监测分析体系。

3. 加快数据要素确权和定价方法创新

数据要素因其生产复杂性、可复制性、时效性、以及非标准性而定价困难。应尽快完善统一、有序、规范的数据要素市场，建设多层次的数据要素流通交易平台。目前，主流数据定价方式包括成本法、收益法以及市场法，这些定价方式各有缺点，国内外还在积极探索数据要素定价的有效方法，例如，动态定价方法、人工智能等算法赋能数据定价、协议定价、固定定价、实时定价。强化基础类、发展类、治理类数据要素制度体系建设，为档案数据定价、交易和数据要素市场提供稳定的基础。

数据权属是构建数据要素市场的重要部分，涉及个人、企业、政府、中介等多类主体，包括所有权、使用权、最终控制

第六章　档案数据要素赋能产业价值管理创新

权、商业交易权等多种权益,生成过程复杂多变。2022年国家发改委印发的《"十四五"数字经济发展规划》进一步强调加快建立数据要素定价机制与体系。资源化、资产化、资本化是数据要素市场化配置的必由之路,数据权属的界定是一个难题,必须从法律层面界定数据资源的产权属性,提升数据要素配置作用,围绕权利分置、市场建设、治理保障和开拓创新4个维度,构建数据要素市场产权配置评价指标体系。然而,现有法律法规尚未作出明确规定,故亟需加强数据要素理论研究,重点针对数据产权、定价、交易等问题,建立兼顾发展与规范的数据要素市场新制度,构建以促进产业发展为导向的数据产权框架,支持出台数据产权标准规范、共识合约、实施细则、操作指南等,建立健全数据有效流动制度体系,引导规范数据要素市场发展,为全国性、强制性立法提供路径参考。

第七章　档案数据要素赋能产业治理体系构建

数据治理体系的构建是数据要素赋能产业发展的基础。本章遵循国家部委和天然气行业对档案管理的新要求，以产业链数据业务系统为治理基础、应用企业档案全生命周期理论、依据企业高质量发展的要求、以档案管理基本职能和现代企业生态体系为治理基本架构，提出相应治理体系建设措施。

第一节　治理体系架构设计思路

一、治理体系构建思路

数据治理体系的构建是数据要素赋能产业发展的基础。在遵循国家部委和天然气行业对档案管理的新要求（如2021年实施的《中华人民共和国档案法》《"十四五"全国档案事业发展规划》），以及企业数字化发展规划基础上的模式构建思路包含以下四部分。

（一）以产业链数据业务系统为治理基础

从归档实践出发，结合业务系统数据形成特点与数据归档需求，同时应适应档案业务链（收集与整理、储存与保管、开发与利用、档案鉴定与销毁）优化和档案数字化转型（档案资源数字化、业务流程数字化、管控模式数字化、利用服务数字化、管理能力数字化）的需要，对企业的生产运行类系统、连续监测类系统、经营管理类系统、综合管理类系统、决策支持管理系统等业务系统进行数据治理和一体化集成整合，为档案数据要素赋能提供信息化基础。

（二）应用企业档案全生命周期理论

全生命周期管理理念注重从管理系统的组成要素、结构功能、过程方式、运行机制等层面进行全周期统筹和全过程整合，以确保整个管理过程从前期计划、中期应对到后期维护整体可控，实现各个环节的系统有序、协同配合、运转高效。企业全生命周期业务体系包括生产管理业务、技术管理业务、经营管理业务方面，以企业核心业务链为作业对象，以技术与管理协同创新为动力，精准生产要素投入，实现高质量提质增效的发展目标。

档案全生命周期管理可以理解为在经济社会发展快速变化、发展方式转型和发展动力转换等环境下，为提高档案资源管理能力和管理效率，运用全生命周期管理理念，将全生命周期里涉及核心业务领域的全部信息过程运作和管理集成为一个整体，推动档案从收集、整理、保管、移交、汇交、利用、统计、鉴定、销毁全过程管理的协同化、智能化，并运用先进信息化技术打通各业务系统与档案管理的流程壁垒，实现宏观层面上全生命周期全局成本效益最优的管理模式。

（三）依据企业高质量发展的要求

1. 适应企业高质量发展对档案集约化管理创新的内在需要

企业快速上产和提质增效要求实施档案资源集约化管理，集约化是实现全生命周期管理的有效步骤，是适应资源共享大数据时代的必然要求，是档案系统深化改革提质增效的必然选择，是打造"一站式"档案模式、提升档案管理专业化水平的必然途径。根据企业精益管理和降本增效要求，进一步压缩管理成本，优化资源配置，解决档案库房分散管理、库房严重不均、运行管理成本高和安全风险等问题，统筹好资源与优势，处理好效率与效益，促进档案价值创造，整体提高档案管理质效。

适应企业档案组织人才实施集约化管理的需要。当前企业档案工作力量分散、管理水平不均、发展极不平衡、专兼职档案员结构与素质参差不齐，亟需改革传统的档案管理体制，建立专业化、集约化、扁平化的组织机构和灵活统筹的人才集约管理模式。

第七章 档案数据要素赋能产业治理体系构建

2. 符合企业主营业务与档案资源协同开发利用的需求

档案作为主营业务产生的重要信息和数据资产，它的资源建设和开发利用对于支撑主营业务的科学研究、决策部署具有重要价值和作用。档案全生命周期管理体系呈横纵管理并存形式。纵向上，主营业务管理从企业机关到基层单位呈线性状态，通过集约化的管理模式，将更好确保档案生命周期的完整性管理，并使之统一遵从收集、整理、归档、利用和销毁等档案管理基本流程。横向上，档案的全生命周期涵盖业务全生命周期，业务部门作为档案形成的主体，须按照统筹管理、相互协作、积极配合等原则参与档案的协同治理和全生命周期共建，负责引入归档标准，把控档案质量，进行收集和整理。

（四）以档案管理基本职能和现代企业生态体系为治理基本架构

计划、组织、指挥、协调和控制是档案全生命周期管理的主要管理行为。（1）企业领导是组织目标实现的引导者；（2）业务主管部门通过制定与业务融合的档案发展整体战略规划，设定任务目标，制定政策机制，选择实施方案。围绕"应归尽归、应收尽收"目标，重点梳理主营业务领域已建设信息系统；（3）业务主管部门会同档案管理部门通过建立组织机构、健全组织体系，确定各项具体业务管理层级、职责和职权，明确业务人员的相互关系，以有效实现预期目标；（4）建立协同专项工作组，通过档案产生、形成业务过程信息反馈，领导、调度、指挥各档案执行部门和归档部门解决档案业务过程中出现的重点难点问题；（5）通过建设文件管理的业务系统与档案管理系统，纵横向解决档案信息数据在线生成和管理问题。可边建边试，为"一键式"在线归档提前做好准备。"一键式"在线归档应当满足的前提条件：具备数据齐全、质检功能完善的信息系统，具有配套项目实施的专业领域，依托各专业信息系统完成信息系统形成数据与档案馆归档数据复查治理，实现线上及线下档案数据的一体化管理，为"一键式"在线归入公司档案系统提前做好准备。

现代企业生态体系是综合价值链、产业链、人才链、资金链等为一体的动态系统。基于现代企业生态治理的档案组织治理体系，则主要着眼于扁平化的档案组织管理架构、标准化的统一管理制度、专业化的人才队伍和高效化的服务利用机制、节约型的成本管控机制等，对企业档案组织实施集约化管理。特别是依据国家、行业有关法规、标准、制度，并结合企业实际情况制定相关制度体系，支持企业进行档案技术、硬件、软件、服务、内容等行业标准的研制工作，形成有效的生态治理体系和生态治理技术，对现代企业实施档案生态治理。

二、治理体系结构设计

档案全生命周期管理模式构建涉及组织体系和管理体系方面，具体包括标准制度体系、业务管控体系、信息资源体系、

第七章 档案数据要素赋能产业治理体系构建

服务保障体系和协调监管机制的油气田企业档案管理体系整体框架搭建,以形成"统一领导管理、分级负责、集中保存"的档案管理创新模式。其中,数据治理非常必要,数据治理的最终目标是提升数据的价值,是企业实现数字战略的基础,它是一个长期、复杂的工程,涉及到组织体系、标准体系、流程体系、技术体系和评价体系五方面的工作领域,包含了数据标准、数据质量、数据安全等多个方面内容。

因此,基于产业战略管理的档案数据要素赋能产业治理体系由六大管理体系构成:(1)基于产业发展要素的档案发展环境治理体系;(2)基于发展战略的档案规划计划治理体系;(3)基于现代企业生态环境的档案组织治理体系;(4)基于生产经营的档案业务流程治理体系;(5)基于知识创新的档案基础资源治理体系;(6)基于价值管理的档案绩效考核治理体系(图7-1)。

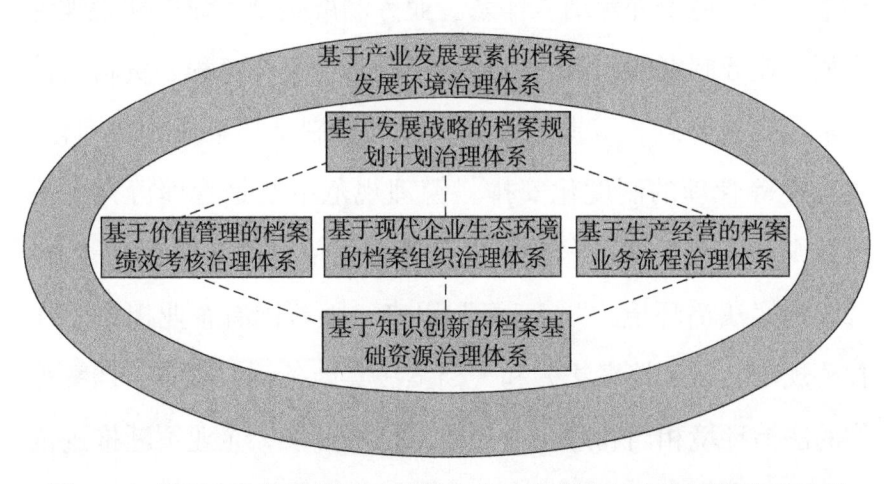

图 7-1 基于企业战略管理的档案全生命周期集约化管理模式结构图

第二节　治理体系结构内容

一、基于产业发展要素的档案发展环境治理体系

依据产业企业发展要素，构建依法治档工作环境体系，全面深化档案发展环境体系建设。(1) 政策环境。档案政策涵盖国家法律、部委制度、集团企业管理规定等管理政策。政策制度主要包括数据信息管理、档案政策、业务制度、管理机制、管理规范等方面。数据信息管理政策主要包括对数据信息的生产、汇交、保管、利用及销毁数据处置等方面。依据《"十四五"全国档案事业发展规划》，档案工作处于较为友好的政策环境，发展环境体系的构建要将组织机构改革、改善档案工作环境条件等纳入体系。业务制度是全生命周期管理各项相关业务制度的核心，包括业务职责、工作流程、资料要件要求、审批要点、审批制度等。管理机制是档案业务协同化、常态化等管理的制度化安排。管理规范主要是管理行为的工作规则等方面的要求，旨在提升各相关单位的管理履职能力；(2) 档案法治环境。"十三五"以来，随着国有企业档案工作相关规定、新《档案法》和《档案法实施条例》颁布，档案工作的法治环境相当利好企业档案工作的开展，企业不断推进依法治企、合规管理，在企业管理、制度优化、流程设计上进行

规范；（3）需求环境。例如，天然气产业企业档案发展环境治理体系的构建要主要考虑三个方面的环境需求：一是在线归档需求。面对快速上产的繁重生产任务，精益管理要求和机构人员精简的现实，"一键式"在线归档成为业务部门的强烈需求；二是共享利用需求。企业的高质量发展要求上中下游各生产要素和生产链条一体协同，分享利用已有成果和数据；三是档案数据要素创新驱动的需求。数字经济时代要求档案数据要素管理创新，通过数字技术参与其他油气生产要素的协同，促进产业链与数据要素协同，提高生产力、创新力和决策力，发挥业务数据的倍增效应；（4）平台环境。在数字化转型背景下，档案管理创新可以依赖以物联网为基础的"云网端"和生产信息系统，打造一体化的档案数据采集平台和应用场景，拓展档案共生、共享价值体系。

二、基于发展战略的档案规划计划治理体系

基于发展战略的档案规划计划治理体系主要由档案管理环境、档案管理指导思想和发展阶段目标、档案管理主要任务、实施策略等要素构成。档案规划应纳入企业整体发展、数字化发展、人才队伍等发展规划中。此外，企业档案规划还要注重统筹上级企业以及国家的规划，特别与上级企业在档案数字化转型、数字档案管理、档案研究等计划目标和重要指标上保持一致，重视与国家档案专项规划等协调，强化规划对年度计划

执行和重大工作安排的统筹指导，确保规划提出的各项任务落到实处。强化档案与业务人员联动，档案部门应增强主动为业务部门或业务活动提供服务的意识，积极与业务部门建立常态沟通机制，形成常态化的有效交流、有序沟通。档案人员要及时掌握年度内重点业务开展计划、业务推进重要节点，梳理各阶段形成重要文件材料归档范围，及时填补收集与归档过程中出现的管理漏洞等，为主动服务、全过程管控等提供及时与有效的信息。

三、基于现代企业生态环境的档案组织治理体系

基于现代企业生态环境的档案组织治理体系包括：（1）合理部门分工、细化岗位责任。按照应有部门和岗位，在相应的制度条例中明确不同部门、不同岗位人员基本职责、工作范围、权限配置以及与其他部门和人员的协作关系等，厘清责任边界，把责任落实到个人，把"谁主管、谁负责"原则贯彻到底；（2）明确责任指标、做好硬性要求。档案工作责任制的硬性指标不明是其难以落实的一个重要原因，在建立相关制度时应对相关人员的工作职责与工作成效做出硬性规定，避免相关人员对不知该不该做、做什么、做到什么程度、达到什么效果认知不清；（3）完善考核机制、强化监督检查。档案工作责任制应包含明确的监督检查机制，同时应把考核工作落到实处，奖惩分明，让认真履责的人员有更高的积极性，督促散漫拖

沓的人员完成使命，真正促进档案工作责任制科学合理，贯彻落实。

四、基于生产经营的档案业务流程治理体系

基于生产经营的档案业务流程治理体系是档案工作的核心，在档案全生命周期管理中发挥纽带作用。数据信息、管理行为、技术方法、政策制度等管理要素通过业务关系发挥作用，数据随档案业务过程在管理活动中变化流转，可根据档案业务需要相应调整改进。（1）档案与业务制度联动。积极融合档案与前端业务，建立多部门共同参与协同治理机制：档案管理部门负责构建面向三态的归档标准体系、制订分类分步实施的归档计划；前端业务部门负责实施以管促归和以用促归的归档策略；数字技术部门负责采取技术供给和管理融合的归档策略。档案部门可加大与业务部门的协作，通过联合行文等方式，针对性地补充完善业务活动中档案管理要求，加强对管理要求的落实力度，提升工作质效。（2）档案与业务计划联动。积极打通各业务系统与档案管理的流程壁垒，融合企业档案管理固有流程，包括档案的收集、接收、整理、鉴定、保管、统计、利用，形成档案业务流程集约化管理机制，构建基于档案全生命周期管控的"业智档"一体化融合发展机制。切实做到"业档联动"，要将档案工作纳入业务活动整体工作范畴，统一部署，统一推进。档案部门要依据业务活动的计划及推进情况，

制定跟踪服务计划，通过宣传、培训、工作交底等方式，主动提供业务支撑，营造良好工作氛围。（3）档案与业务管控联动。随着企业信息化建设不断深入，给档案工作提出了新要求、新任务。不同类型档案产生、审批、移交业务流程各有不同、资料要求也各有不同，优化调整档案业务关系，是实行档案全生命周期管理的重要内容。围绕新的业务活动，档案人员要多参与、勤思考、善总结，及时补充完善档案管理要求，确保相关新领域形成的科研成果、新业务产生的信息资源得以留存。应注重业务活动过程中声像资料的收集与整理工作，使档案资源全方位、全要素、全维度地反映业务活动全过程。（4）档案与业务系统贯通。档案部门要与业务部门加强合作和交流，善于借助企业大数据管理平台，创新运用云存储和云计算等技术，通过制定数据交换标准、编码标准和信息交互标准，实现业务管理系统与档案管理系统的有效集成，为信息高效共享奠定坚实基础。

五、基于知识创新的档案基础资源治理体系

基于知识创新的档案基础资源治理体系包括：档案基础设施体系、完善相应的设备设施、档案科技创新系统、平台体系与档案数字化、知识管理体系、决策支持系统等。该体系是一个集档案资源产生、收集、保管、利用、转化于一体并具备相关数字技术和其他配套保障措施支持的综合体。（1）在资源集合方面要加快档案与业务的信息化融合进程，建立企业数字档

第七章 档案数据要素赋能产业治理体系构建

案资源体系，要特别把勘探开发生产的核心信息资源即地质资料及科研资料，将其齐全完整和数字化归档作为构建档案基础资源治理体系的基础。（2）在共享利用方面通过档案集约管理打通共享壁垒、优化资源配置，实现企业机关及所属各单位数据、档案在全企业范围内的共管共享，为决策部署和滚动创新利用提供便捷并节约成本，保持企业核心竞争优势。（3）建设"多维度"档案资源体系。例如，中国石油西南油气田公司建立"1+1+N"档案资源共享平台，第一个1是指重点依托中国石油档案管理系统（E6系统），第二个1是指建设公司数字档案馆，N是指集成众多的专业信息系统。由油气田业务主管部门、档案主管部门、信息化部门、数据产生单位协作将档案系统与专业信息系统彻底打通，真正实现跨部门跨专业的互联互通、共建共享，将众多的专业信息系统档案进行推送预归档，通过设置的归档审核模块进行质量检查和治理，符合进馆要求的电子档案发布至中国石油档案管理系统。探索构建存量数字化与增量电子化并重的数字档案资源体系。按照"统一规划、分布实施"原则和"存量分类治理、增量正常化移交"等方式，试点先行，整体推进，围绕"档案全生命周期管理""线上及线下档案数据的一体化管理"两个目标，构建油气田企业档案新模式。开发多类型的数字化应用场景，针对天然气勘探、开发、科技、地质资料等具体需求，构建对应的专业知识库或个性化定制库。

数字技术是档案基础资源治理体系的重要构成，在档案全生命周期管理中发挥支撑作用，主要有云计算、大数据、物联网、移动互联网、人工智能、区块链、5G、北斗等新先进数字技术。因此，应不断总结产业企业数字化转型经验，按照"两化融合"理念，从档案产生、收集、整理、保存、利用、鉴定、销毁等工作流程环节出发，以企业云环境、物联网为基础，通过数据集成、基础技术环境、工作流程、综合展示和前端应用的搭建，为构建数字档案馆和资源利用平台提供数字技术支撑。

六、基于价值管理的档案绩效考核治理体系

企业价值管理以价值创造为核心，通过价值标准建立绩效考评体系有助于实现全面科学评估和企业获得可持续的竞争优势。基于价值管理的档案绩效考核治理体系包括档案绩效标准、评估方法、监督、考核、制度等，形成档案绩效规划、预算、执行、评估、薪酬的闭环管理体系，建立档案绩效考核与合适的奖惩机制，以保证项目工作按照预期的轨道进行。因此，应建立档案绩效考评集约化管理体系，通过分析档案的多元价值，将其价值因素纳入绩效考评依据，结合档案战略规划、人力资源管理、运维成本、关键绩效、资源开发、成果转化、品牌建设等宏观、微观因素，进行评价体系设计和模型构建，从而实现对档案管理工作的多维度全方面科学考评。

第七章　档案数据要素赋能产业治理体系构建

第三节　治理体系建设措施

一、积极提高档案数据价值认知

（一）加强数据文化环境建设，促进产业数据文化战略实施

数字时代决策成功的关键最重要也是最困难的是向数据心态的文化转变。不管是数据的生产者、模型构建者、分析者还是用户，可以通力合作，使数据成为企业决策的核心。（1）强化数据重要性认识。领导层支持并推动数据的使用，将数据视为企业决策的重要依据。在企业内部普及数据知识，提高员工对数据价值的认识，打破团队沟通壁垒，相信数据的价值，数据素养成为每个角色都应具备的关键技能，在规制条件下获取、自由分享。（2）培养数据思维。倡导以数据为驱动的工作方式，将数据融入日常，鼓励员工运用数据思维解决问题，通过数据分析发现规律、预测趋势，推动业务创新和发展。（3）加大数据文化基础投入，保障数据文化基础工程建设，强化数据文化资源开发，拓展产业数据文化应用场景。

（二）提升档案数据资产管控意识，抓好产业数字化转型发展规划

积极培育档案管理机制下的资产管控意识。企业档案工作者除了熟练掌握档案专业的基本知识外，还应掌握有关企业主营业务专业和经营管理知识，建立数字档案管理机制下的资产管控意识。(1)转变思想强化数字化理念，形成数据就是资产、数字治理就是战略治理的理念，利用数字化技术对产业治理形成高质量决策数据信息流。提升对数据要素赋能产业的技术特征、发展形势、应用场景的认知，注意提高解决产业链技术、经济、社会、环保等应用场景复杂问题的能力。(2)确立档案创效观念。档案资产是在各种生产要素的相互作用下产生、共存并发展完善的，具有原始记录性和真实性的档案是帮助利用者了解企业沿革、生产经营与员工历史凭证。(3)持续加强档案人员的成本意识，建立科学的档案管理程序，节省档案整理时间，节约档案管理成本。

进一步抓好产业数字化转型发展规划，将数据要素赋能产业融入数字产业发展规划和布局，高水平建成数字化产业基地、数字化重点平台，聚焦重点领域打造数字化典型应用场景和项目。强化档案集约化和数字化管理工程建设规划，内容包括：档案组织与业务整合工程、档案数字与智能改造工程、档案资源利用与共享工程、档案生态与环境建设工程、档案人才与党建保障工程、档案绩效与激励创新工程等，为"十五五"档案发展规划提供重要参考。

（三）加强人才队伍培养，为档案数据要素赋能产业发展奠定坚实基础

数据治理与数据赋能产业是大势所趋，掌握产业数字化转

第七章　档案数据要素赋能产业治理体系构建

型和数据赋能产业发展的主动权，关键还是在数据人才队伍。（1）强化数据人才培养平台建设。加强数字化发展规划和人才培养体系规划协同建设，积极开展国际学术交流和项目引进。（2）积极培养数据文化人才，打造强有力的数据文化团队。加强产业数据管理人员大数据应用能力的培训，拓展大数据分析技术、信息挖掘以及处理技术在政务服务中的应用，养成利用数据分析、决策和管理的行动自觉，从而创新产业数据管理思维。（3）加快人才培养体系的建设。加强对产业数字相关领域现有岗位的职业教育与培训，建立在岗人员的数据人才开发和培养体系，深化产才融合、产教融合，助力数据赋能产业高质量发展。（4）高度重视决策支持智库建设。在产业骨干研究结构内成立数字研究中心和行业协会内成立数字分会，加大力度对数字的前沿技术、未来趋势、商业模式和伦理风险等开展成果转化研究与推广应用，依托科研院校、产业骨干企业、行业协会等力量组建数字专家库，为推动数据要素赋能产业发展提供智力支持。

二、加快产业层面的档案组织管理与合作

（一）构建档案组织集约化管理与协调机制

推动建立跨部门协同治理机制，探索建立与数字持续健康发展相适应的治理模式。随着政府机关、事业单位和大型产业等用户档案信息化应用的不断深化，档案资源集中管理、统

一配置、降低成本、提高效率成为新时期大型组织机构档案管理工作新目标，档案集约化管理模式应运而生。本着"集中部署、统一管理、分级使用"的原则，建设覆盖总部及各所属单位的档案一体化管理平台，形成多全宗、多层次的档案信息集约化管理模式，加深各级单位间系统的信息共享，统一档案管理标准规范，兼顾各级单位档案个性化管理需求，避免重复建设，从而有效节约管理成本，提高档案资源利用效率。

形成"统一领导、分级负责、集中保存"的档案管理模式。在产业企业设立登记档案馆（处或中心），对接上级有关主管部门和业务部门，以便理顺人员和业务关系，确保工作落实和提高效率。集中统筹管理企业登记档案工作，规划发展方向，制定统一标准；开展业务监督指导工作，培训专业干部队伍；集中管理和配置各类资源，建设登记档案馆主库房，收集、汇集产业企业各类型实体档案，集中进行档案数字化；建设登记档案信息系统，协调组织管理企业统一的档案信息查询平台。

（二）加强产业企业档案机构间的合作

简化档案利用的审批权限。产业企业各级档案部门的室藏档案来源于各个系统，对于利用需求以及频次比较高的非涉密档案，将利用权力和利用审批前置到归档环节，明确是否完全开放，减少审批，强化进一步沟通共享，可以较好地提高使用效率。大力推进档案数字化和文档一体化建设。依据增加电子化和存量数字化理念，加快室藏档案的整体数字化建设，实现档案利用的网络化远程利用，强化机构之间的服务合作，提升利用水平。

鼓励行业相关协会制定行业自律公约，进一步明确企业档案的主体责任和义务。加强档案数据安全、隐私保护、数字资产、知识产权等方面的内控制度建设。兼顾各类业务特点，制定归档工作和信息平台建设两方面标准。规范各类登记档案整理标准和业务流程，统一质量要求，为档案流转交接和档案信息整合提供便利，满足各类档案在信息平台上的兼容运转，与业务系统实现联动，为顺利开展档案工作提供保障。

三、建立健全企业数字内控制度体系

（一）建立健全档案管理机制

一是建立区域内档案管理中心，由该中心负责整个区域登记、管理等工作，并在管理中组建档案管理部门，该部门作为区域内档案管理的主要负责机构，对档案进行监督、管理及储存。二是为保障档案管理创新质量，需建立健全档案管理机制，充分了解区域内档案实际情况，并建立统一的管理标准制度，该制度需符合现阶段国家对管理的各项政策与法律法规。在此，对档案管理制度执行情况加以监督，组建档案管理工作质量监察小组，该小组对档案管理人员工作质量、档案储存情况加以检查和评估，不断发现档案管理中的问题，从而逐渐提升档案管理水平。三是还需明确档案管理业务流程，根据制度将流程进行详细划分，从而保障档案管理各个环节质量，实现档案管理创新的目标。

（二）探索档案数据资产分类治理

依据区域湖架构设计，构建与产业企业主营业务发展相融合、匹配的数据治理制度和标准体系，构建和完善产业企业核心数据资产库，整体提升数据一致性、完整性、正确性和及时性，按照管理对象层层递进的方式，建立数据资产清单，分级分类开展数据治理工作，并实施数据入湖。

实施主数据治理。例如，西南油气田公司通过主数据管理系统来管理业务活动中所用到的所有主数据，各系统的主数据首先注册到主数据管理系统，主湖以主数据管理系统为权威源，将其中的主数据注册到主湖，生成统一编码，再下发至区域湖。入湖系统的主数据与区域湖中的主数据建立映射关系，并可直接通过区域湖来调用主数据，未入湖系统仍通过主数据管理系统来获取主数据。主数据治理需要细化各专业系统之间主数据的数据血缘关系和数据流分析，推进主数据管理系统注册流程、发布、审核、质控功能的开发和完善；实现区域湖与主数据管理系统数据集成；完成历史主数据的清理及加载入库。相应地，建立档案主数据治理机结构。

实施专业数据分类治理和入湖。专业数据治理依托现有系统，依托业务主导，分级分类利用区域湖管理工具开展质量控制、数据治理和数据入湖。数据入湖存储部署于共享存储层,采用不同的数据库针对不同的数据结构分布式存储,包括结构化业务数据入湖、非结构化数据入湖。以业务技术体系为支撑、以组织机构体系为保证,按照分专业数据治理流程开展数据质控工作。相应地,专业数据分类治理和入湖为档案数据治理奠定良好基础。

促进档案数据共享和服务。来自统建和自建系统的数据通过区域湖管理工具进入到区域湖开展数据质控和入湖,质控审核通过的数据进入到共享存储层,然后到数据分析层进行高速检索以及大数据分析。面对不同用户群,区域湖提供两种服务模式:一种是数据服务目录模式,以微服务方式,提供跨领域的数据服务与关联查询分析服务;另外一种是租户模式,提供用户自助的数据建模与分析环境。

(三)创新档案业务监督指导方式

提高监督指导人员综合素质。监督指导人员的综合素质是影响工作开展效果的关键因素。专业监督人员的综合素质包括:政策敏感性、业务专业性、沟通交往力、全局掌控力。为了提升指导内容质量,监督指导人员:(1)要加强理论学习,系统掌握档案法律法规和标准规范,确保给出的指导建议符合法规标准的要求;(2)要加深对实际情况的了解,在面向各单位开展指导工作时,不能仅停留在对法规标准的解读层面,要结合实际情况,给出实用性较强的指导意见。

加强对监督指导对象的了解。监督指导人员要加强与各单位的沟通，充分调研各单位的实际情况，并注重监督指导效果。监督指导工作应坚持结果导向，注重效果。油气田企业档案业务监督指导工作是一项系统性工程，监督指导效果的实现有赖于切实可行的工作策略。基于先进的监督方式，将监督指导过程视为信息传播过程，有利于对监督指导过程中涉及的关键因素进行具体探讨，从而找出档案业务监督指导工作的提升策略，推动档案管理工作顺利有效开展。

四、加强行业技术与标准体系建设

（一）档案信息化技术引领

适应产业数字技术融合应用创新，积极应用现代数字技术，着力在数字核心算法、模型、框架、引擎、工具等关键技术环节应用取得新成果，加强单位内部档案信息化建设，促进档案数据决策产品开发与应用。因此，在新形势下进行档案管理的信息化建设必须要加大投入，通过5G通信、物联网、网络安全等技术的集成应用，完成档案管理研发一体化平台移动端的建设，以技术设备作支撑引领档案信息化管理工作的效率，实现管理实时审批、工作实时推进、信息实时掌握、数据实时查询、办公不限区域的"5G+档案"场景应用，创新档案服务模式、提升档案利用价值，提高档案管理的能力和水平，最终完成智能应用平台建设。

（二）积极推进档案数据标准体系建设

面向档案数据化需求，档案法规制度和标准规范起步萌芽。数据态档案是"大智移云物"技术推动形成的、以数据颗粒度存在并持续运转形成的档案，重在对数据规则、本体、模型的管理。数据态档案的原件形式为"数据体＋规则＋参数形成的快照"，包括二次文献数据库、语料库、知识库、媒体资源库、关系型数据库、GIS 文件、BIM 系统、三维数据、数字交付模型等。

加强不同数据模态下档案法规制度和标准规范的制定，当前模拟态档案标准的制定相对完善，档案资源的数据级挖掘与开发还处于探索阶段，因此数据态（化）档案标准的制定还存在相当大的欠缺。档案部门在今后的标准化工作中应当注意及时更新模拟态标准，制定和实施档案标准体系方案，加大对不同业务领域档案标准供给，重点推进电子档案、科研档案、建设项目档案、HSE 档案、档案资源共享服务、档案馆服务、档案安全保护及风险防控、数字档案馆建设等标准供给。鼓励档案学会等学术团体、行业组织及市场主体开展档案团体标准和企业标准制定修订工作。

五、强化产业决策支持系统建设

（一）强化档案管理体系建设，促进智能应用决策支撑

实现档案数据赋能的基础在于数字化转型。重构档案管理体系，使其向多专业跨部门协同工作转变，整合档案业务

数据。(1)完成档案数据资源库建设。统一档案数据接口路径、接入方式、采集标准、存储规范,依托企业区域数据湖和区域云计算平台形成档案数据资源库,把数据"聚起来";(2)实现档案数据分类管理。按照专业、流程、协同、资源、成果、生产、人员、统计、分析、评价等数据管理主线,将档案数据一体化整合、分类化存储、精细化管理,使数据"用起来";(3)实现档案数据分析应用。结合实际应用场景,利用知识图谱、机器学习、人工智能等技术,实现对数据的算法优化、应用分析、诊断预测、智能管控,让数据"动起来"。

建立档案管理数字化转型新模式,实现数据感知、智能应用。(1)协同管理智能提示。以数据应用驱动业务流程,建立跨单位协同智能工作流,实现协同流程关键环节的及时跟踪提示,整体推进流转效率;(2)研发需求精准洞察。通过大数据分析和信息化工具应用,实现档案项目、知识产权、论文、专利、成果的查询查新,聚焦技术掌握动态、摸清短板、集中发力;(3)档案经费动态管理。通过与财务数据对接,科研经费可实时查询和分析,实现科研经费"看得见、管得住、可追溯",形成研发投入评价机制,提高科研经费利用;(4)成果价值跟踪评价。通过对档案成果产权价值、归属、转化、使用、收益分配等数据综合分析,提高成果转化价值评估的科学性、准确性,推动成果转化应用高效益发展。(5)档案资源优选匹配。通过业务需求，自动匹配符合条件的共享设备。通过综合评价，自动推荐符合条件的技能专家。通过数据治理，自动获取具备价值的业务数据。（6）管理辅助智能决策。通过大数据分析与人工智能计算，提升管理决策的合理性、科学性，为管理辅助和领导决策提供支撑。

（二）建设统一的档案信息系统，构建集约化查询服务机制

在企业范围内建设统一的登记档案信息系统，集中力量完成历史数据整合和纸质档案数字化工作。构建企业全方位查询服务机制，分类型、分层次提供查询服务。企业负责协调组织企业范围内的数据查询，与相关部门加强工作衔接，提供共享查询服务。开通触摸屏、网络自助、远程查询等方式，减少窗口查询量。企业级负责属地查询和取证性查询，方便群众就近办理。

六、推进档案数据与党建协同发展

（一）加强党对档案工作的领导

档案工作担负着"为党管档、为国守史、为民服务"的重要职责，政治定位、政治特质、政治功能鲜明。时代档案事业地位越突出、使命越重大、作用越重要，越要加强党的全面领导，越要把党的方针政策贯穿到档案工作各方面全过程，要始终保持政治上的清醒和定力，确保中国特色社会主义档案事业沿着正确方向前进。

企业始终坚持党对档案工作的领导，以深入学习贯彻习近平新时代中国特色社会主义思想为主线，抓好理论学习，坚定不移把习近平总书记重要讲话、重要指示批示精神和党中央决策部署作为重要学习内容，深入学习贯彻习近平总书记关于做好新时代档案工作的重要论述，深刻领会其中蕴含的方法论，牢牢把握档案工作正确的政治方向，不断锤炼忠诚干净担当的政治品格。抓好合理发展，坚持把政治标准放在首位，善于从政治上考量，坚持把档案工作融入地质资料、工程设计、生产管理、设备设施等企业治理，坚持以党建引领档案保管、开发、利用、宣传工作，助力提高企业档案管理水平和应对风险防范能力。

档案管理工作的组织领导力量，核心是党对档案工作的领导，落实到具体实践上，就是各级党委部门要切实履行主体责任，"一把手"扛起第一责任人责任。企业始终深刻认识和把握"档案工作姓党"的政治属性，始终坚持把加强党对档案工作的领导融入巩固档案管理工作、推进提升企业档案管理水平的具体实践中，不断强化档案部门的人员配置、机构调整、职能完善。

（二）实施档案人才党建保障工程

1. 不断提高政治素质，培养选拔优秀年轻的档案管理人才

着力提高政治判断力、政治领悟力、政治执行力。（1）锤炼档案干部忠诚干净担当政治品格，与教育、文化、科研等部

门合作,开展课题研究、学术交流、讲座讲学,积极组织档案科研课题申报和研究,继续开展公司档案科研课题立项研究,促进人才培养。实施档案专业化能力提升计划,培养更多创新型管理型人才。(2)加大各级档案主管部门干部政治理论、政策法规和档案业务培训力度,在做好档案工作过程中不断提高档案干部的政治判断力、政治领悟力、政治执行力。

系统谋划档案人才的培育目标、发展路径和重大举措。突出抓好高层次领军人才、中青年骨干人才的培养发展,建立公司档案人才智库管理系统。创新优化档案人才培养、使用和激励机制,提升档案人才专业化能力水平,培育更多政治强、业务精,具有创新和现代化管理能力的高素质人才。强化档案收集保管、解密开放、提供利用、编研出版、宣传展览等各环节的政治属性,建设忠诚、干净、担当的高素质优秀年轻档案干部。

2.加大人才培养力度,激发人才生机活力

建立档案人才培养体系新模式。(1)建立健全档案人才培养机制,推进档案人才队伍教育常态化。针对不同对象、不同层次档案工作者,应根据未来档案工作的发展趋势和结合本单位档案工作的实际情况,制定切实可行的培训计划,既注重对档案管理专业知识的培训,又兼顾计算机、网络、法律等方面知识的传授,还要加强职业道德教育,着力提升档案工作人员的综合能力。(2)搭建档案人才教育平台,扩大档案人才队伍培养覆盖面。随着新一代数字技术与档案工作的融合，积极探索线上线下相结合的方式开展档案专业学习和教育培训。以在线教学平台、微信视频号、档案远程教育平台和技能实训基地等方式，拓展档案学习时空，延伸档案培训链条，增强教育实效。（3）探索开展档案工作人员绩效评价工作。通过探索多元化档案工作人员评价方式促进人才评价工作创新。试行档案工作人员绩效考评"积分制"管理，将其作为干部评优选拔、职称评审的重要依据。（4）建立档案工作人员荣誉激励制度。各级档案系统可以探索建立档案工作人员荣誉体系，加大对优秀档案人才的表彰奖励力度。通过开展档案人才评选活动，选树模范典型，激励档案人员爱岗敬业、钻研业务。给予人才一定的认可，对在档案工作中创造出突出业绩的人才给予表彰奖励，加大对先进典型表彰宣传力度。

3. 档案组织机构重组与人员重组

组织重组是以档案业务关系为指导，将原有档案组织机构进行重组，集约化管理包括：取消、合并旧组织，设置新机构；明确新机构的业务范围和权限；协调机构之间的关系、管理幅度和层次等，使重组的组织机构更好地适应档案馆信息化的发展，以求档案馆管理高效和服务优质。此外，档案馆还需扩充档案信息资源部门的人员力量，建立有关资源共享部门，增加高层次的档案信息咨询人员，充分实现档案馆资源优化配置。

第七章 档案数据要素赋能产业治理体系构建

4. 加强与各部门之间的协同合作

由于人员构成的限制，档案馆在技术层面向来不占优势。因此，实现大数据时代档案馆业务全生命周期管理，必须加强与各部门之间的通力合作。加强与业务管理部门和各类立档单位的合作，提升档案收集的标准化、规范化水平；另一方面加强与各类互联网公司、软件服务供应商等机构合作，探索适合档案馆实际，建立具备档案馆特色的大数据处理平台。

5. 以较好的经济待遇吸引人才

物质基础决定上层建筑，档案人才同样具有对物质利益的追求。应着力改善档案工作人员的工作环境和提高工资待遇来吸纳人才、留住人才。引进一些高学历，具有文化专业知识和专业技术、技能，还具备较高的现代化、信息化等知识技能的高素质复合型人才充实档案工作队伍。

（三）档案管理绩效考评机制

绩效考核是现代企业管理模式的主要方式，科学规范的档案管理是衡量企业业绩与管理水平的重要尺度。将档案工作纳入绩效考核管理，既可以加大档案工作的督导落实力度，又可以提高档案资料的完整度和工作管理水平，同时也是对档案管理人员的激励和约束。

1. 定期进行档案管理绩效评估

始终坚持考核导向、绩效导向，设立档案归档率、查询率考核指标和党员参加组织生活的参与率、党风廉政建设工作完成指标，从绩效层面明确档案管理人员的具体任务和要求，强化绩效考核；建立科学、客观和全面的评价体系，综合考量档案管理机构及人员的工作情况，制定既能反映工作要求，又能客观、真实、公正考核绩效的评价体系，通过定期评估及反馈，激励档案管理人员有思考的工作。

2. 加强档案管理人员激励

坚持激励与考评并重，注重实现人性化管理，促进领导与员工的经常性沟通交流，对档案管理人员取得的工作成果及时予以鼓励，对员工存在的困难及时了解、督促解决，帮助满足员工的情感需求和业务需求；积极构建完善的档案管理人员激励机制，建设职业发展渠道，为员工提供晋升空间，增强员工对档案管理工作的荣誉感和归属感，提高档案管理人员的积极性与激发创新精神。

结　语

　　调研分析表明，数据要素（包括档案数据）已成为现代产业体系建设的"新时代石油"和高质量发展的基础资源。在进行数字化转型和探索数据要素市场化配置中，企业档案数字化管理和档案治理现代化是必然趋势。产业企业档案资源十分丰富，然而在大力加快数字化转型中，档案业务数字化转型和治理现代化任重而道远，特别是对档案数据传统价值认知突破将是一项长期艰巨任务。建议企业档案管理部门应加强数字化条件下国内外档案业务创新跟踪分析与对标管理，并与企业相关业务部门持续协同开展档案数据文化建设工作，拓展档案数据应用场景，强化档案数据开发转化应用和绩效评估，进而提升档案业务在产业中的地位和作用，改变主要依靠档案法规制开展档案基础工作的局面。

　　档案管理创新的本质是档案价值管理。本书基于档案数据要素赋能产业高质量发展的机理和战略管理框架，所构建的档案全生命周期价值管理模式及配套运行机制，适应了档案数字化转型和治理现代的基本要求，符合企业业务发展实际，对档案组织架构集约化、档案馆建设集约化和企业档案"十五五"

规划编制与实施等，具有重要的指导意义。建议企业应联动档案、人事、信息技术等多部门，加强档案数据赋能融入企业数字化转型发展规划，加大档案数据决策产品开发与场景应用投入，强化档案数据生态治理体系建设，加强数字化人才队伍培养，以期促进数据要素赋能产业高质量可持续发展。

企业数据价值化必须资产化，数据档案化与档案数据化并存，这已成为国内外共识和发展态势。在加快产业数字化转型中，数据要素正从生产运维、交易方式、消费利用和管理模式创新等多个维度推进企业高质量发展。实证表明，企业年度形成的档案历史数据价值巨大，值得企业高度重视。建议企业强化档案数据资产和经济价值评估管理工作，以促进国家和行业相关数据资产评估政策落地。同时，积极推行档案集约化全成本管理，组织企业直属科研院所联合高级别研究机构开展档案数据资产和经济价值评估，提升企业档案数字化绩效管理水平。

参考文献

[1] 虞卫东."十四五"新格局中现代产业体系与企业发展[J].现代企业，2021（9）：80–81.

[2] 王文倩，肖朔晨，丁焰.数字赋能与用户需求双重驱动的产业价值转移研究——以海尔集团为案例[J].科学管理研究，2020，38（2）：78–83.

[3] 田强，刘岩.数据要素赋能数字城市建设路径分析[J].中国科技信息，2023（15）：132–133.

[4] 刘权.Web3.0助力数据要素价值化[J].中国工业和信息化，2023（9）：42–49.

[5] 李琪琦.数据资产相关问题的思考：从概念到实践[J].金融会计，2023（1）：12–19.

[6] 朱富成，刘永，许烨婧.应急处置类档案数据资产化及其经济价值评估指标构建[J].档案管理，2021（6）：63–65.

[7] 徐金海，夏杰长.加快建设以实体经济为支撑的现代化产业体系[J].改革，2023（8）：14–25.

[8] 李韬.深刻认识和把握数字治理的内涵与实践进展[J].中国党政干部论坛，2022（9）：18–23.

[9] 丁志坤，刘志威.元宇宙背景下建筑业数字化发展趋势研究[J].建筑经济，2023，44（4）：5-14.

[10] 何伟.激发数据要素价值的机制、问题和对策[J].信息通信技术与政策，2020（6）：4-7.

[11] 徐拥军，熊文景.档案治理现代化：理论内涵、价值追求和实践路径[J].档案学研究，2019（6）：12-18.

[12] 王强，杨文.治理现代化背景下企业档案机构设置及其运行研究——以中国石油为例[J].档案学研究石，2021（5）：45-51.

[13] 刘悦欣，夏杰长.数据资产价值创造、估值挑战与应对策略[J].江西社会科学，2022，42（3）：76-86.

[14] 李喆.数字经济时代下数据要素资产化机制与趋势研究[J].中小企业管理与科技，2023（15）：56-58.

[15] 王强.基于核心信息资源管理理念的企业档案管理——以中国石油天然气集团公司为例[J].档案学研究气，2009（1）：37-39.

[16] 王强，高强，郭晖.数字时代企业集团数字档案馆建设实践[J].中国档案，2022（6）：54-55.

[17] 陈德权，林海波.论政府数据治理中政府数据文化的培育[J].社会科学，2020（3）：33-42.

[18] 华锐.大力开展企业数字文化建设[J].当代电力文化，2022（5）：56-59.

[19] 刘春江.浅析企业数据文化建设[J].商业文化，2022（15）：28-30.

[20] 陈宁.企业文化在数字化转型中的作用：以科技公司为例[J].上海

企业，2023（8）：75-78.

[21] 阎东军，闫俊英，关恩洁.企业文化中的数字化转型分析[J].电子技术，2023.52（2）：254-255.

[22] 刘继旺.打造数据文化"软实力"[J].现代商业银行力，2023（2）：62-64.

[23] 黄赫男.论数字经济时代数据的文化意义[J].决策与信息，2023（4）：57-67.

[24] 吕凤军，苏兴华，李宝宝.数字化转型视角下钻井企业数字文化建设实践与思考[J].中国石油企业，2022（11）：79-84.

[25] 张兴，吕亚娟.图书馆数据文化的蕴涵、培育路径与建设策略[J].图书馆学研究，2021（13）：2-6.

[26] 张俊超，鲁梦琪.我国高校数据文化的现状及培育—兼论院校研究的作用[J].高等教育研究，2020，41（12）：40-47.

[27] 车树林，王琼.数字经济时代文化产业高质量发展的动力变革与路径选择[J].学术交流，2022（1）：114-125.

[28] 倪永，关玉洁.企业文化与企业数字化转型关系的实证研究[J].对外经贸，2023（10）：69-72.

[29] 许涛.以创新领导力加速企业数字化转型[J].企业观察家，2022（7）：20-23.

[30] 梁伟杰，陆浩东.档案信息化建设中的成本——效益管理理论与思考[J].兰台世界，2017（11）：65-68.

[31] 方秋生，石华平，廖勇军.企业档案管理成本比较性经济分析——

以成都市为例[J].档案学研究，2013（1）：18-20.

[32] 胡琦，王海.档案信息化建设中优化成本效益的一体化策略[J].档案与建设，2017（7）：31-34.

[33] 王巍.关于如何降低企业档案管理成本的思考[J].现代企业，2018（4）：13-14.

[34] 关翠利.数字档案信息资源建设的成本与效益[J].文学教育（下），2017（10）：104-106.

[35] 李春瑜，许进.基于价值管理的财务分析体系[J].财会通讯，2006（6）：70-71.

[36] 黄如花，何乃东，李白杨.我国开放政府数据的价值体系构建[J].图书情报工作，2017，61（20）：6-11.

[37] 陈方圆，张卫民，范振林.自然资源资产价值体系构建及应用[J].统计与决策，2023，39（7）：33-38.

[38] 步同亮，陈湛.企业档案信息资源文化价值的开发[J].文化产业．2024（1）：166-168

[39] 卢培婧.企业档案文化价值开发策略研究[J].档案天地，2021（4）：28-31.

[40] 陈虎，郭奕.数据价值体系推动财务数字化转型[J].财会月刊，2022（8）：37-42.

[41] 安美琴.企业数据价值体系构建与财务数字化转型[J].中国管理信息化，2023，26（23）：43-46.

[42] 梅小兵，任丽梅，沈积，等.致密气勘探开发项目制管理模式创

新及策略——以中国石油西南油气田为例[J].天然气技术与经济，2023，17（5）：62-68.

[43] 杨勇，黄文俊，王铁成，等.梦想云数据连环湖建设研究[J].中国石油勘探，2020，25（5）：82-88.

[44] 王瑞萍.数字管道技术应用现状与前景展望[J].油气田地面工程，2008（2）：1-7.

[45] 文韵豪，王秋晨，巴玺立，等.国内外智能化储气库现状及展望[J].油气与新能源，2022，34（6）：60-64.

[46] 丁国生，王云，完颜祺琪.不同类型复杂地下储气库建库难点与攻关方向[J].天然气工业，2023，43（10）：14-23.

[47] 姜子昂，杨越，辜穗，等.天然气利用类科技成果经济价值量化评估模型研究[J].城市燃气，2022（10）：39-46.

[48] 王强.企业档案工作数字化转型：实践探索与理论框架[J].浙江档案，2020（9）：16-20.

[49] 王艳.论税务系统档案的集约化管理[J].档案天地，2014（11）：47-48.

[50] 赖俊峰.不动产登记档案集约化管理[J].中国档案，2014（2）：50-51.

[51] 刘金钊，汪寿阳.数据要素市场化配置的困境与对策探究[J].中国科学院院刊，2022，37（10）：1435-1444.

[52] 陆岷峰.新发展格局下数据要素赋能实体经济高质量发展路径研究[J].社会科学辑刊，2023（2）：143-151.

[53] 姜子昂，姜尔加，何长清. 要素组合创新增值机制与天然气产业增长方式转变 [J]. 管理现代化，2006（6）：54-56.

[54] 林艳，周洁. 数字化赋能视角下制造企业创新生态系统演化研究 [J]. 科技进步与对策，2023，40（19）：86-95.

[55] 刘冬荣，张伟娜，莫加伟，等. 土地全生命周期管理基本架构与探索实践 [J]. 中国国土资源经济，2023，36（6）：36-43.

[56] 王洁. 基于知识管理的企业档案信息开发和利用模式研究 [D]. 山西：山西大学，2016.

[57] 王强. 治理现代化背景下的企业档案制度体系建设：基于中石油的案例研究及启示 [J]. 档案学研究，2020（4）：50-55.

[58] 陈会明，史爱丽，王宁，等. 人工智能技术在档案工作中的应用与发展刍议 [J]. 中国档案，2020（3）：72-74.

[59] 胡小颖. 5G 在金融行业数据中心的应用研究 [J]. 电子元器件与信息技术，2023，7（4）：113-116.

[60] 叶露，潘立，丁昱尹. 数据资产质量评价及价值评估技术研究进展 [J]. 中国资产评估，2023（8）：50-59.

[61] 郑慧，覃筱媚. 分布式档案数据库系统的建立及其对档案编研的影响 [J]. 北京档案，2014（10）：16-19.

[62] 李彩丽，陆婧. "元宇宙"视域下档案馆服务模式新探索 [J]. 档案管理，2023（01）：57-59.

[63] 贺晨芝，刘倩倩，张磊鞯，等. 图书馆元宇宙应用相关标准规范及应用指南框架 [J]. 图书馆建设，2023（4）：36-45.

参考文献

[64] 钱婷，刘倩.元宇宙视域下沉浸式档案展览的实施路径与推广传播研究[J].浙江档案，2022（9）：33-35.

[65] 黄凯.大数据环境下档案信息资源共享平台的构建及优化[J].黑龙江档案，2021（2）：36-37.

[66] 陈爽，张天光，杨运治.关于企业档案信息化标准规范体系建设的思考[J].档案时空，2015（4）：30-31.

[67] 崔伟.守正创新提质增效—构建更加完备的馆藏档案数字资源治理体系[J].北京档案，2023（1）：39-40.

[68] 付贺，吴园园.深化体制机制改革加快档案管理部门科技创新[J].科技资讯，2021，19（23）：77-79.

[69] 管先海，李兴利.档案科技成果的转化[J].档案管理，2022（5）：116-118.

[70] 张艳欣，王悦，李宏岩.总体国家安全观视域下档案安全治理逻辑、着立点与保障举措[J].档案天地，2023（12）：21-25.

[71] 陆岷峰，欧阳文杰.数据要素赋能实体经济的现实条件、作用机理与融合路径研究[J].武汉金融，2023（4）：75-83.

[72] 邱家琴.对档案双元价值论的理性思考[J].云南档案，2012（10）：47-48.

[73] 刘红莎.企业档案信息利用效益研究[D].河北大学，2011.

[74] 高华，姜超凡.应用场景视角下的数据资产价值评估[J].财会月刊，2022（17）：99-104.

[75] 邓建娣，傅德印.数据资产及其统计识别研究[J].统计与决策，

2023，39（13）：51-56.

[76] 李香梅，丛佳琛，李猛，等.数字经济背景下数据资产价值提升路径研究[J].中国资产评估，2023（10）：18-24.

[77] 李永红，张淑雯.数据资产价值评估模型构建[J].财会月刊，2018（9）：30-35.

[78] 刘刚，孙毅，袁方.要素市场化改革下企业数据资产权属辨识与价值评估思考[J].中国资产评估，2023（2）：19-24.

[79] 陈娟.企业档案资源开发效益的提升策略研究[D].湖北大学，2020.

[80] 姜子昂，辜穗，任丽梅，等.油气田企业管理创新成果收益分成模型研究[J].石油科技论坛，2021，40（4）：40-49.

[81] 赖俊峰，穆晓菊，乔双双.北京市不动产登记档案集约化管理[J].中国档案，2015（4）：26-27.

[82] 姜子昂，辜穗，任丽梅.我国油气技术价值分享理论体系及其构建[J].天然气工业.2019，39（9）：140-146.

[83] 杨智勇，白原.企业档案信息化建设对策研究[J].云南档案，2007（5）：31-33.

[84] 戚会转.围绕"协同创新"理念构建企业档案管理新体系[J].办公室业务，2022（1）：104-106.

[85] 侯彦英.数据资产会计确认与要素市场化配置[J].会计之友，2021（17）：2-8.

[86] 刘林.激发数据要素价值，赋能扬州高质量发展[J].信息化建设，2023（2）：52-54.

[87] 徐钦梅. 大数据视角下高校档案全生命周期管理 [J]. 兰台世界, 2021（7）: 70-72.

[88] 石富春, 陈倩, 杨军. 石油企业档案集约化管理创新实践—以重庆地区三家试点单位为例 [J]. 四川档案, 2023（5）: 25-27.

[89] 胡金涛. 大型企业集团"五维一体"档案管理体系构建 [J]. 机电兵船档案, 2021（6）: 15-17.

[90] 管先海, 李兴利. 建立、落实档案工作责任制 [J]. 档案管理, 2021（1）: 104-106.

[91] 吴志杰, 王强. 组织机构视角下的业务系统电子文件归档: 问题、理念与策略框架 [J]. 档案学通讯, 2020（4）: 79-86.

[92] 马琳. 推动企业档案工作与业务活动的深度融合 [J]. 中国档案, 2021（6）: 64.

[93] 熊健. 档案服务利用价值的探讨 [J]. 办公室业务, 2019（4）: 106.

[94] 陈晓韵. 加强不动产档案集约化管理的探讨 [J]. 办公室业务, 2018（11）: 93.

[95] 党伟宁. 基于5W模式的企业集团档案业务监督指导优化策略研究 [J]. 机电兵船档案, 2023（1）: 49-51.

[96] 李秀玲. 创新档案服务模式提升档案利用价值 [J]. 兰台内外, 2018（1）: 31-32.

[97] 姚静. "三态两化"视角下档案标准体系建设的现状与展望 [J]. 山西档案, 2021（5）: 175-185.

[98] 杨文. 中国档案人才队伍建设的演进脉络与优化策略 [J]. 档案学研

究，2023（5）：30-39.

[99] 李顺东. 大数据技术视域下档案馆业务流程重组及实现路径[J]. 档案，2022（12）：4-8.

[100] 祝合良，王春娟. 数字经济引领产业高质量发展：理论、机理与路径[J]. 财经理论与实践，2020，41（05）：2-10.

[101] 郭琎，王磊. 科学认识数据要素的技术经济特征及市场属性[J]. 中国物价，2021（5）：12-14.

[102] 王可欣，牛力. 面向"十四五"的新一代数字档案馆建设路径及趋势分析[J]. 档案管理，2022（4）：34-36.

[103] 夏杰长，刘睿仪. 数字化赋能贸易高质量发展的作用机制与推进策略[J]. 价格理论与实践，2022（11）：7-12.

[104] 张良. 加快数字化转型赋能国有企业高质量发展[J]. 数据，2021（12）：32-35.

[105] 夏杰长. 数据要素赋能我国实体经济高质量发展：理论机制和路径选择[J]. 江西社会科学，2023，43（7）：84-96.

[106] 余东华，李云汉. 数字经济时代的产业组织创新——以数字技术驱动的产业链群生态体系为例[J]. 改革，2021（7）：24-43.

[107] 倪代川. 论数字档案资源开放化发展[J]. 中国档案，2021（4）：75.

[108] 刘浩旻，张在旭. 中国天然气产业高质量发展评价指标体系构建研究[J]. 技术经济与管理研究，2021（2）：83-88.

[109] 刘金钊，汪寿阳. 数据要素市场化配置的困境与对策探究[J]. 中国科学院院刊，2022，37（10）：1435-1444.

[110] 刘悦欣，夏杰长. 数据资产价值创造、估值挑战与应对策略 [J]. 江西社会科学，2022，42（3）：76–86.

[111] 姜子昂，辜穗，任丽梅，等. 油气田企业管理创新成果收益分成模型研究 [J]. 石油科技论坛，2021，40（4）：40–49.

[112] 王谦，付晓东；数据要素赋能经济增长机制探究 [J]. 上海经济研究，2021（4）：55–66.

[113] 刘娜. 大科学工程档案的特点及其价值研究 [J]. 北京档案，2021（7）：34–36.

[114] 黄新荣，曾萨. 双重价值论面临的挑战与档案价值理论的重构 [J]. 档案学研究，2021（2）：4–12.

[115] 严雪林. 试论档案价值运动阶段及特点 [J]. 档案与建设，2016（9）：4–6.

[116] 张贵华. 论档案价值形态 [J]. 档案与建设，2016（9）：4–6.

[117] 刘东斌. 对档案本质价值的思考 [J]. 档案管理，2004（3）：12–14.

[118] 高琼，杨洋. 基于档案多元价值的绩效评价体系设计 [J]. 浙江档案，2024（2）：44–47.